张旋◎著

# 小美会计的逆袭

## 美丽的会计人生②

立信会计出版社
LIXIN ACCOUNTING PUBLISHING HOUSE

图书在版编目(CIP)数据

　　小美会计的逆袭/张旋著.—上海:立信会计出版社,2016.6
　　ISBN 978-7-5429-4995-0

　　Ⅰ.①小… Ⅱ.①张… Ⅲ.①会计学—通俗读物 Ⅳ.①F230-49

　　中国版本图书馆 CIP 数据核字(2016)第 080398 号


策划编辑　　蔡伟莉
责任编辑　　蔡伟莉　张　寻
封面设计　　南房间

**小美会计的逆袭**

Xiaomei Kuaiji De Nixi

| | | | |
|---|---|---|---|
| 出版发行 | **立信会计出版社** | | |
| 地　　址 | 上海市中山西路 2230 号 | 邮政编码 | 200235 |
| 电　　话 | (021)64411389 | 传　　真 | (021)64411325 |
| 网　　址 | www.lixinaph.com | 电子邮箱 | lxaph@sh163.net |
| 网上书店 | www.shlx.net | 电　　话 | (021)64411071 |
| 经　　销 | 各地新华书店 | | |

| | | |
|---|---|---|
| 印　　刷 | 上海万卷印刷股份有限公司 | |
| 开　　本 | 710 毫米×960 毫米 | 1/16 |
| 印　　张 | 14.75 | |
| 字　　数 | 202 千字 | |
| 版　　次 | 2016 年 6 月第 1 版 | |
| 印　　次 | 2016 年 6 月第 1 次 | |
| 印　　数 | 1—6000 | |
| 书　　号 | ISBN 978-7-5429-4995-0/F | |
| 定　　价 | 39.00 元 | |

如有印订差错,请与本社联系调换

我第一次做主管会计的时候,我们公司的财务副总是个很和气的小老头儿。我喜欢按照书上所讲的,对应公司账务的实际情况提问题,我有许多的想法。但是我提再多的问题,我们副总都只说好,却从不施行。我不服气,问副总为什么。小老头儿笑眯眯地,放下茶杯,摸了摸我的脑袋说:"财务不是这么简单的,你再琢磨琢磨。"

　　财务不是这么简单的。

　　不过一年,我就明白了当初提出问题的我有多傻。

　　公司财务,不只账务处理的问题,还关乎管理问题,经营方针问题,人际关系的问题……牵连着那么多的事情,可谓牵一发而动全身,怎么能只简单地根据账务处理的需求来调整呢。

　　慢慢地我就学会了多看,多听,多想,才知道经验是多么宝贵的一笔财富。

　　而作为一个财务人员,视野也该更宽阔一些。

　　继《小美闯关做出纳》之后,小美开始了在会计岗位上的逆袭。她不再是初入职场,经验不足的小菜鸟,经过出纳岗位的锻炼与学习,她已然对会计有了更深入的认识。

　　这本书里记录的是我在财务工作中遇到的各种难题和应对的方式,将其融入到小美的故事中,希望亲爱的读者看完之后,会有所收获,也希望朋友们在财务工作里找到乐趣,做得越来越好。

　　祝福亲爱的读者们,在会计这条路上无论是否经历荆棘、坎坷,都会迎来绚丽的彩虹、灿烂的花朵,和小美一起步入美丽的会计人生。

前　言
FOREWORD

目　录
CONTENTS

# 第一章

## 扬帆！一切准备就绪

应聘技巧

借贷记账法的使用

会计凭证的填制

权责发生制与收付实现制的区分

会计不同岗位职责

会计的计量方法

会计六要素

会计核算成果

通过本章，小美掌握了如下技能

 # 重新扬帆　会计梦启航

嗨，大家还记得我吗？我是小美。在《小美闯关做出纳》里，我和大家分享了我的第一份工作经历。各种阴差阳错，机缘巧合，让我从一个菜鸟蜕化为一名称职的出纳。不仅如此，我还因这份工作而意外收获了爱情。

只是世间很多事情都不可能如人所愿，因为男友宇凡是我的顶头上司，基于岗位回避原则和内部牵制原则，如果我和宇凡结婚，两人必须有一个人离开财务部。为了宇凡的事业，还有我们的未来，我选择了离开。

失之东隅，收之桑榆。虽然我不能在钱宇凡手下继续做出纳，但这对我而言也是新的机遇与挑战。毕竟，我也不想自己的业务只停留在出纳水平，成为一名在公司财务部独当一面的财务能手，是我小美现阶段所要努力的目标。

于是，小美会计的逆袭，由此展开。

递交了辞呈，与新出纳进行了工作交接之后，我和宇凡的爱情不再是办公室的地下恋情。因此得到曾经同事们送来的衷心祝福。这令我感到非常幸福。

离开是为了新的开始，我暗自下定决心，应聘的岗位是财务会计，而不再是出纳。接触更多的实账业务，同时让自己的技能有更全面的提升。

为了获得一份会计的工作，我一连面试了数家公司，见识到了各种奇葩的情景，其中也是状况不断，感触颇多！

辞职后我先参与了一家极其不靠谱的公司面试。说他们不靠谱，其实也是我事后得出的结论。但这次面试经历，让我的情绪有种过山车的感觉。我并没有给他们投简历，但是这家公司主动打来电话约我去面试。

"喂，王小姐吗？我们这里是××金融公司，在一家招聘网站上看到您的简历，觉得您很适合我们这里的一个职位，特邀请您到公司里来商谈。请问您有时间吗？"

对工作如饥似渴的我，听到这样的话，瞬间心里飘飘然。况且是金融公司，给我无限想象空间。

我欢喜地答应了面试，放下电话暗自喜悦：小美，你简直太完美了！金融公司都看中了你的才能，主动发出了邀请了呢！

以我浅薄的见识，一个和金融沾边的公司，基本意味着股票、基金投资、各种高大上的金融交易！那简直是经济领域的高富帅，财务行列的战斗机呀！

我怀揣着种种憧憬，满怀喜悦去了这家幻想中的金融公司，心想新的职业生涯会就此开启。然而事实证明，财会人的求职路远没有那么轻松。

俗话说，人是衣裳马是鞍。对于一家公司而言，软实力不会轻易被挖掘，但硬实力还是可以从公司的办公环境中知晓。

刚步入该公司，我的美梦便被现实狠狠地抽了一巴掌。这家公司基本可以用八个字概括：楼破、地小、人少、"总"多。

也就是说，这是一家破破烂烂，没几个人，却全是领导的公司。我在想，如此小规模的公司它需要会计吗？

但一想既然来了，总不能空手而归吧，于是我还是决定参加面试。但注定这场持续十多分钟的面试是无果的。面试的过程我感觉像聊天，最后面试官问了一个问题，让我彻底崩溃："我觉得你很适合我们公司的需求，你在我们公司也能学到很多……一个月九百元，干吗？"

Oh, My God！我的内心之咆哮简直无法言说啊。

面试官这样的问题完全可以放到第一个来问。毕竟这样的薪水还不够我们这座城市最低工资标准，能留下来才真是奇葩了。

这家公司实在是龙潭虎穴，让我吐血三升。我面试完了就赶紧撤了，后来他们又打来电话，我也没有接。

这种有着强烈骗子倾向的企业，我还是敬谢不敏了吧。晚上我跟钱宇凡汇报我的面试过程时，他只给了我一个字的评价："笨！"

我也只能垂着脑袋受教了，我确实是笨。而他之后说的话，更是让我觉得后怕不已。

他说，这样打着金融名头的小公司在各个大城市里比比皆是。这些公司正规点的主要是做基金、期货、债券等投资。而不正规的便有可能会做各种地下交易，比如高利贷、洗钱、传销……而由于市场的不规范，这个行业里大多数公司都是不正规的。也就是说，我很有可能遇到的就是一个涉及传销的公司。想到这里我的头皮都发麻。

我投降说："好啦，下次再接到这种电话我绝对不去面试了。"

小美面试提醒：面试须谨慎，不能因为求职心切，而被骗子欺骗。

小美身边很多朋友都可能会面临我这样的情形，对方公司听起来很高大上，甚至你去他们公司的时候，会觉得他们的公司也很上档次，但是这并不代表他们就不会是骗子！

我遇到的这家公司被我小美火眼金睛，识破他们的骗局。但有的陷阱却不是那么容易识破的，如果有的应聘者遇到的是传销公司，甚至会在应聘者进入他们公司那一刻开始就把前来应聘者扣住。届时，可就真的是叫天天不应，叫地地不灵了。

这真不是危言耸听。每位急切渴望获得一份工作的会计朋友们，切忌不要面对各种表面的"华丽"与"诱惑"，失去理智，不假思索。

这种利用求职者就业心切的心理下套的骗子实在太多了，所以越是花团锦簇，越是要小心翼翼。一定要确认是正规公司，才能去面试呀。

随后，我又去了一家令我心仪的公司。只可惜，我看上了人家，人家没有看上我。唉……单相思，这是多么痛的领悟啊！但是我也并非没有收获，而是丰富了我宝贵的面试经验。

一般来说，财务的面试都是在两轮以上。一轮是基本能力面试，由 HR 主持，面试的是你是否具有加入该公司的基本能力。如果合格的话，就会到财务总监那里进行第二轮面试，也就是专业测试。当然如果公司标准严格的话，可能还会有第三轮面试，与总经理的面谈。不过这轮面试一般都只是形式，主要是为了表现公司对财务人员的重视，一般不会刷人。

在基本能力面试这一关上，许多人都能说出几点。比如要穿正装呀，化淡妆呀，要准备一套面试的套话呀，这些都是普遍的常识。

但是根据我的实际经验来看，正装其实并不一定需要。

如果你面试的是大型跨国公司，每个员工都衣衫革履的话，正装当然是必不可少的。但大部分人面试的可能都应该和我一样，是一家民营企业，或者小型港资、外资企业之类的。在这些公司里，应聘者只要衣着整洁，表现得体就够了。如果真要穿正装的话，相对于刚毕业没几年的应聘者而言，反倒有可能会显得很老气，很古板，给自己减了分。

在我看来，衣着打扮这一项主要应该以得体为主，要尽量表现出与自己应聘岗位的气质相合。

比如小美我是要应聘会计，这只是一个最基层的财务岗位，它需要踏实、稳定、刻苦、耐劳。所以我去应聘的时候就特意戴上了我的黑框眼镜，穿着也很朴素，扎马尾、长裙搭配矮跟凉鞋，一看就是对外在条件并不讲究的学霸，顿时就能给对方一种"这个女孩或许适合会计岗位"的感觉。

宇凡也曾跟我分享他去应聘财务副总时的经验，当时精典公司刚好处于融资困难的境况中，很需要有人帮助摆脱困境。而那时他也仅有 26 岁，刚刚在银行结束了自己融资专员的工作，基本是符合要求的。为了尽可能展现自己精明能干的特点，他特意穿着一身西装，佩戴领带，新买的一双皮鞋锃亮，并且宇凡还佩戴一副金丝边框的眼镜。

显然应聘财务高管与应聘普通会计在穿着打扮上还是有所不同。这种细微的差别是需要我们在应聘的时候对应聘的岗位多了解，多分析。

当你站到面试官面前，面试官的第一印象便能对面前的应聘者有了一个初步的判断，然后就要开始问你一些关于未来职业规划，对面试岗位的定义之类的问题。

这些问题并没有固定的答案，只要回答得积极向上，符合岗位要求，便基本没有问题。但为了通过这一关，就需要我们在应聘之前就打好腹稿，并多次演练能流利说出来。

事实会告诉我们，我们对那份 OFFER 投入了多少的心血，面试的时候，面试官就会给我们多少分。

然后在简单的基本能力测试之后，我们就要进入专业能力测试了。

会计面试常见的问题有以下几点：

1. 一般纳税人可抵扣票证有哪些？纳税申报的流程如何？

2. 客户扣款（已开具发票）如何进行会计处理？需要附哪些原始单据？

3. 年终奖是如何计算缴纳个人所得税的？

4. 财政年报和汇算清交报表口径有什么差异？

5. 公司购买装修材料用来装修租用的办公用房，如何进行会计处理？

6. 公司开办费如何进行会计核算？所得税清交时如何进行调整？

7. 你觉得费用支出如何处理？（一般为服务行业）

8. 公司成本如何核算？（一般为制造企业）

这些问题说难也难，说容易也容易。关键看应聘者平时的知识积累，以及面试前所作的功课了。

会计是一份专业性比较强的工作，在专业知识上，容不得我们一丝一毫的马虎。如果过不了这一关，会计的大门永远不会向你敞开。

这一轮面试是最重要的一轮，也是决定你能不能得到你想要工作的一轮面试。只要这轮面试没有问题，那么与这家公司的"亲密接触"便指日可待了。

而愚蠢的小美之所以会与一家世界五百强企业，一家德资企业，还有一家国企失之交臂，也是因为英语不达标、不会说德语以及业务分数太低。

所以说，面试须谨慎，且试且珍惜呀！

感叹完毕，就要来显摆一下小美我顺利通过面试，成功获得这份工作的经历了。

在面试了七八家公司，得到了一两个我并不感兴趣的 OFFER 之后，我收到了爱之美贸易有限公司的面试电话。公司的 HR 很和善，和我敲定了第二天九点面试之后，就给我发送了一条公司地址的信息。

这次面试之前，我就有种势在必得的感觉。也许，找工作和恋爱是一样的，都是缘分使然吧。

面试当天，我是八点五十分走进公司的大门。

**小美面试原则一：不让面试官等你，也不要太早地到达公司，以免给对方造成困扰。**

我被前台带进一个会谈室，见到了面试我的 HR。

我们互相问好后，她先让我介绍我自己。

**小美面试原则二：面试时永远不要滔滔不绝，强调重点，突出自己的优势就够了。**

其实这个问题基本是每个面试的开始。以往因为没有经验，HR 让我介绍时我便慌里慌张的，想到哪里就说到哪里，不仅啰嗦，而且也没说出什么有用的信息。所以等到这次面试会计时，我便有了经验。

这个问题的回答应该包含以下 4 个主题：早期生活、教育背景、工作背景以及最近的工作经验。

尽可能的在一分钟，最多两分钟的时间内结束，不要拖延。要着重强调的是最后的那个主题，同时注意，不要把最重要的观点浪费在这个问题上。

我很快就自我介绍完了，然后 HR 开始问我对公司的了解情况。

小美面试原则三：面面俱到不是最好的，突出自己有了解的欲望才最重要。

对于这项原则主要是针对发 OFFER 公司业界声望和形象而谈的。

其实这个话题可以说得很多很多，比如公司的产品、服务、收入、目标、存在的问题、管理风格、职工、历史和企业文化等问题。但是我们不可能对一个陌生的公司了如指掌，所以只要回答能够体现出我们对该公司做了一些研究就可以了。

事实上，我觉得就算我们对应聘的公司了如指掌，我们也最好不要全部表现出来。因为我们现在面对的是负责招聘的 HR，她负责你是否能进入下一轮面试，但她却不一定对自己的公司有足够深的了解。如果你在这个问题上打败了她，那么她就有可能在面试结果里刷掉你。

这个度，是一定要掌握好的。

我跟 HR 谈论了一番公司的业界声望和形象之后，便表达了想要了解更多公司信息的欲望，看表情，HR 基本是满意的，于是就进入了第三个问题。

为什么你希望来我们公司工作？

小美面试原则四：诚实是面试的基本礼仪。

对于这个问题总是让我不知如何作答。我为什么希望到你们公司工作呢？因为我需要一份工作，而刚好你们公司在招聘。

但所有的面试教程都告诉我们，如果我们这么回答，等待我们的就只有省略号了。

所以就有了很多的套话，比如贵公司以强大的管理而著称，我喜欢这样的企业，所以我希望成为这个小组的一员。或者贵公司的经济控制非常有名，而我对数字非常热爱，所以我希望成为公司的一员。

我在做第一次面试的时候就是这样的，说各种套话，还适当拍马屁，目的就是只为了得到那份工作。

但钱宇凡的一番话点醒了我，他说："如果你不喜欢这家企业，即使你得到了工作，也会很快就想要跳槽。"

事实确实如此。会计也分很多种，商业会计、工业会计、物流会计……不同行业的会计所做的工作有着天壤之别。我喜欢把一个个数据变成一张报表的过程，但如果让我去核算产品成本的话，那无疑是一场灾难。

于是我想，这个问题应该是一个我们选择公司的问题，而在面试之前，答案就应该了然于胸了。

在向这家公司投简历之前，请先对公司做详尽的了解，以避免到一个你无法发挥才干或者根本不想去的公司面试。这不仅是对自己负责，也是对你面试的那家公司负责。

我们又谈论了一下我之前的那份工作，HR便向我提出了最后一个问题：请谈一下你对你应聘的这个职位的定义。

会计职位的定义……不就是记账，出报表，如实反映公司的财务状况嘛。

我飞快地给出了答案，但迎着HR的目光，却又有些不确定了。难不成这家公司对这个岗位还有什么特殊的定义？于是我便问了HR。

然后HR给了我一个更详细的答案，我们结束了面试。

小美面试原则五：不懂就问，面试官不是老虎。

后来我进入这家公司很久后，跟HR姐姐的关系处得还不错，有一次她跟我谈起面试我的过程时，便提到了我反问她岗位定义的这件事。她说以前她面试的时候，几乎没有人敢反问她问题，宁愿不懂装懂，或者就彻底保持沉默。当时我向她提问时，她心里一惊，觉得这个小姑娘挺有胆量，想问就问了。

其实这一点也是我想说的，面试官又不是老虎，如果她问的不是反映你是否能够适应该岗位的专业问题的话，那你不知道答案的时候为什么不反问她一下呢？你反问她的过程，也是你了解这家公司的过程嘛。

因为和 HR 谈得还不错，我很顺利地进入了下一轮的专业测试。做了一套试卷，和财务总监交谈了几分钟，几天后，我收到通知，我得到了那份工作。

整个过程中，我最大的收获是，只要你有足够的能力，付出了足够的心血，你就一定能收获一份满意的 OFFER。

小美面试经验：深入了解自己的能力范围 + 精确定位目标企业 = 得到一份满意的 OFFER

好了，说完了小美的面试经历，大家是不是也有了一些感触？

不要着急表述出来，再多积累一些，让我们先来看看我的爱之美贸易有限公司的会计逆袭之旅吧！

# 做账之前的那点事儿

收到 HR 通知我签劳务合同的那一天，我正在和钱宇凡一起打扫卫生。经历数次杳无音讯的面试后，终于有了结果。苦闷的心情终于得到了纾解，喜悦瞬间爆发。放下电话，得意忘形的我把刚刚擦了家具的抹布扫到了他的脸上，糊了他一脸的黑灰。宇凡气得真想也蹭我一脸，亏得我机智，不等他得逞便逃进了卧室。

中午我给钱宇凡加了菜，钱宇凡和我碰杯："恭喜你正式成为了一名会计！"

我很兴奋地一饮而尽："谢谢！"

兴奋之余未曾多想宇凡就给我泼了冷水："进了公司之后姿态摆低一些，会计室里女人多，是非也多，如果遇到工作之外的棘手问题，你要多忍耐。等过了实习期，业务都上手了，那时候你的位置也就稳当了。"

我不服气："宇凡，你这是歧视女人啊！新时代的女人，哪里有那么多你觉得的心机。"

钱宇凡倒不跟我争辩："没有这种情况，那当然就更好了。"

因为宇凡的提醒，我去公司报到的时候，心里就格外的紧张，生怕遇到他说的那种情况。国外不是有个"墨菲定律"么，越是担心的事情越容易发生。不幸的是，这个定律在我的身上也应验了。

接下来的实习期我的工作并非一帆风顺，公司安排我的实习"师父"并不像赵姐那样平易近人，事无巨细地将知识讲给我。不过这也促使我不得不加倍努力，以最快速度获取业务知识。

我的这位"师父"叫做凌丽，其实也是一位干练的职场女性。只是人如其名，总是给人盛气凌人的感觉。在我被财务总监指派到她身边后，就毫不留情地给了我一个下马威。

"新来的，刚刚毕业？知道借贷记账法吗？"她漫不经心地吹着指甲问我。

问我借贷记账法……这不是挑事儿吗？凡是学会计的，有不知道这个的吗？

借贷记账法是一种以"借""贷"为记账符号，对每项经济业务都以相等的金额在两个或两个以上有关账户进行记录的复式记账法。

借贷记账法的账户基本结构分为左、右两方，左方称为借方，右方称为贷方。一般在账户的借方记录的经济业务称为"借记某账户"；在账户的贷方记录的经济业务称为"贷记某账户"。至于借方和贷方究竟哪一方用来记录金额的增加，哪一方用来记录金额的减少，则要根据账户的性质来决定，不同性质的账户，其结构是不同的。

借贷记账法是以"资产＝负债＋所有者权益"的会计等式为理论依据，以"有借必有贷，借贷必相等"为记账规则的一种科学复式记账法。

我这个时候只觉得凌丽不太好相处，挺瞧不起人的。但因为还要向她学习，我就忍了："毕业一年了。知道借贷记账法。"

凌丽抬眼瞅了我一下，不屑地撇了下嘴："那你之前做什么的？做过账没有？"

"没做过账，我之前一直在做出纳。"

"做出纳，那你见过各种凭证吧？"

这时我想到了赵姐让我整理档案室的经历，果然多学点没坏处啊！我不禁笑了："见过了，各种账簿也都看过。"

凌丽就说："那行吧，既然这些你都知道，咱们就直接开始工作了。今天我要去包凭证，你跟我一起去。"

于是，我整个上午就都耗在了档案室，做着凌丽交代我的把凭证封箱，归档的事。

等到中午的时候，一个圆眼睛的姑娘来叫我，笑嘻嘻地说："我叫于晶，你叫我小于吧，咱们总监让我带你去吃饭。"

我忙叫凌丽，结果却接到了于晶同情的目光："凌姐早就去吃饭了。"

我顿时就傻了。我一直在做事，还真不知道凌丽什么时候走的。

然后于晶又告诉我，凌丽带我到档案室不久，就自己回去了，还跟她们说我自己提出要在档案室里看凭证，新来的就是会偷懒什么的。

听到这里我还有什么不明白的，我是初来乍到的新人，为什么凌丽这样对我呢？很显然她是有意排斥我。

于晶看出了我的不悦，拍拍我的肩同情地说："咱们先去吃饭，既然凌姐让你包凭证，下午你就跟我们一起去会议室包吧。"

通过跟于晶的对话，我终于弄明白了，原来我来报到的时候会计室只有凌丽一个人，是因为其他会计们都去会议室里排单了。

现在账务期已经结束，正是包凭证的时候，把凭证打印出来之后要把各种附件都附在相应的凭证后面才能包凭证。凌丽带我到的档案室，是把包好的凭证装箱，按顺序整理归档的地方，根本就不是其他会计们都在排单的场所。

凌丽把我丢在档案室给她做事，却又回头抹黑我的名声。刚换新工作，新遇到的同事竟对我有如此大的敌意，让我猝不及防，也大出我所料。

　　我也暗自苦笑：还没学会手艺，就先跟师父走向了对立面，这可真是个坏到了极点的开端。不过来这里就是学习、增长技能。工作之余的事情还是尽可能不理会吧。

　　下午，在我刻意交好于晶的情况下，她教了我怎么排单。

　　"小美，你知道什么叫收、付、转凭证吧？"

　　这个……我还真不知道。

　　于晶看我不好意思的表情，就知道我不会了。善解人意地直接跟我介绍了一番："所谓收、付、转凭证，就是收款凭证（如图1-1），付款凭证（如图1-2）和转账凭证（如图1-3）。这是咱们平时制单的三种类型。"

| 收　款　凭　证 | | | | | | | | | | | | |
|---|---|---|---|---|---|---|---|---|---|---|---|---|
| 借方科目： | | 年　　　月　　　日 | | | | 记　字　第　　　号 | | | | | | |
| 摘　　　要 | 会　计　科　目 | 明　细　科　目 | 金　　　额 | | | | | | | | | 记账 |
| | | | 亿 | 千 | 百 | 十 | 万 | 千 | 百 | 十 | 元 角 分 | |
| | | | | | | | | | | | | |
| | | | | | | | | | | | | |
| | | | | | | | | | | | | |
| | | | | | | | | | | | | |
| | | | | | | | | | | | | |
| 合　　　计 | （附件　　　　张） | | | | | | | | | | | |
| 会计主管：　　　记账：　　　出纳：　　　复核：　　　制单： | | | | | | | | | | | | |

**图 1-1　收款凭证**

　　"这些凭证是怎么区分的呢？"我问她。

　　"其实就是看科目的方向。一笔业务中，货币资金科目在贷方，就填制付款凭证，如果货币资金科目在借方，就填收款凭证，如果借贷方都没有货币资金科目，就是转账凭证，如果借贷双方都是货币资金科目（比如取现，存现）的话是付款凭证。"于晶说。

　　付款凭证是涉及货币资金（现金和银行存款）支付的记账凭证。

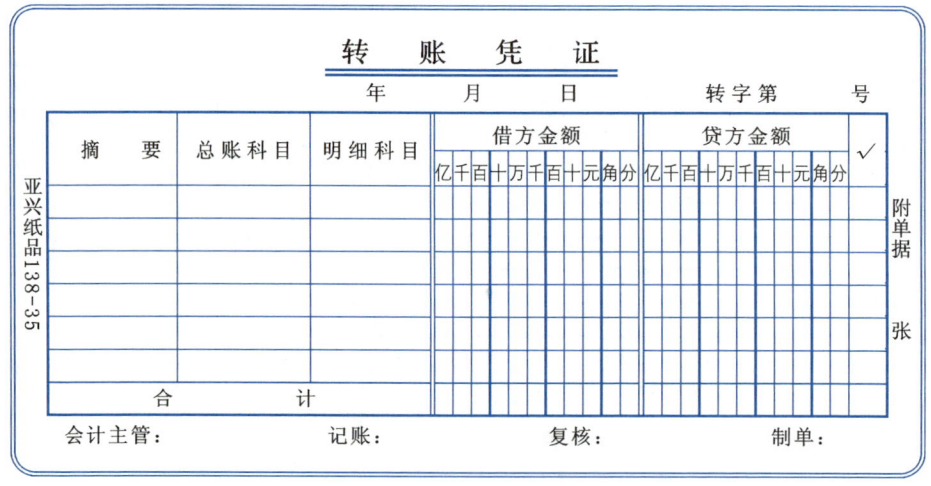

**付　款　凭　证**

货方科目：　　　　　　　　年　　月　　日　　　　　　付字第　　号

| 摘　要 | 应借科目 | | 金　额 |
|---|---|---|---|
| | 一级科目 | 二级和明细科目 | |
| | | | |
| | | | |
| | | | |
| | | | |
| 合　　　计 | | | |

电脑账册

附件　　张

会计主管：　　记账：　　出纳：　　复核：　　制单：

**图 1-2　付款凭证**

**转　账　凭　证**

年　　月　　日　　　　　　转字第　　号

| 摘　要 | 总账科目 | 明细科目 | 借方金额 | | | | | | | | | | 贷方金额 | | | | | | | | | | ✓ |
|---|---|---|---|---|---|---|---|---|---|---|---|---|---|---|---|---|---|---|---|---|---|---|---|
| | | | 亿 | 千 | 百 | 十 | 万 | 千 | 百 | 十 | 元 | 角 | 分 | 亿 | 千 | 百 | 十 | 万 | 千 | 百 | 十 | 元 | 角 | 分 | |
| | | | | | | | | | | | | | | | | | | | | | | | | |
| | | | | | | | | | | | | | | | | | | | | | | | | |
| | | | | | | | | | | | | | | | | | | | | | | | | |
| | | | | | | | | | | | | | | | | | | | | | | | | |
| 合　　　计 | | | | | | | | | | | | | | | | | | | | | | | | | |

亚兴纸品138-35

附单据　　张

会计主管：　　记账：　　　　复核：　　　　制单：

**图 1-3　转账凭证**

收款凭证是涉及货币资金收取的记账凭证。

转账凭证是不涉及货币资金收付的凭证。

我有点不明白："那这些在我们的工作中是用来干什么的呢？"

"哦，"于晶做了个可爱的表情，"亲，这就是咱们工作的基础。

根据实际业务填制凭证，然后汇集凭证上的科目金额作出各种财务报表，以供上层领导来做决策分析。然后，咱们就得把这些凭证附上附件包起来以供以后核查了。"

这种解释简明扼要，迅速地让我明白了凭证到底是什么。

但是我又产生了一个疑问："那账簿呢？账簿和凭证又是什么关系？"

我很明显地看到于晶翻了个小小的白眼，哈，可能她对我这种小白新人也挺无语的吧。不过她人还是挺好的，很尽责地跟我解释了这两者的联系："这要从账务处理的流程说起。咱们做账的整个过程是'经济事项—原始凭证—记账凭证—账簿—报表'，就是说根据发生的经济事项，出纳或者是会计填制了原始凭证，然后根据这些原始凭证，咱们会计做账记了记账凭证。之后根据记账凭证上的科目和金额，咱们填制出各种需要的账簿。最后根据账簿的数据汇总，就做出了报表。也就是说，你所看到的账簿，其实就是凭证经过处理之后的东西。"

> 《会计法》第九条规定："各单位必须根据实际发生的经济业务事项进行会计核算，填制会计凭证，登记会计账簿，编制财务会计报告。"这里的会计凭证是包括原始凭证和记账凭证的（第十四条）。

账簿登记一般的规则是依据记账凭证逐日逐笔登记，比如固定资产、债权、债务等账户的登记，收入、成本、费用等明细分类账可以汇总登记，对于原材料等明细账可以暂不编制记账凭证，根据领料单直接登记明细分类账。

严格地说账务处理流程应该写成"经济事项—会计凭证—账簿—报表"，为了解释原始凭证与记账凭证的关系，将"会计凭证"展开为"原始凭证—记账凭证"。

于晶扬眉问我："听得懂吗？"

这也太小看我了吧。我只是没弄明白这两者之间的联系，但毕竟都已经见过实物了，怎么可能不懂嘛！

我点点头，"懂。"

于晶笑了，"好啦，小新人，既然懂了就快来帮忙，咱们可还有好多单没排完呢！"

这次我也笑了。虽然于晶也有点瞧不起我，但这也是因为我确实小白。起码她肯教我业务知识，心地善良，是个值得一交的朋友呢。

"好，我们一起排单吧。"我说。

于是，当会计的第一天，我收获了一个对我有敌意的老师，凌丽，和一个对我还算友好的准朋友，于晶，以及关于账簿和凭证的基本知识。

逆袭尚未开始，小美仍需努力！

## 老板娘是税务局　老板是会计

排单、包凭证、凭证入库……这些事一直持续了好几天，终于结束了，随后我们进入了账务期。

在此期间，凌丽又好几次找了我的茬，利用我不懂业务让我吃了好几次闷亏。气得我真想直接跟总监申请，换一个人来带我。但是我跟宇凡说出这种想法后，他果断制止了我，他跟我说总监既然让我跟着凌丽学，那肯定有他的道理，很有可能我学好之后就是要接她的班的，让我别逞一时之气弄得以后的工作反倒不顺了。

我不服气："那我跟于晶学不也一样吗？"

钱宇凡笑了："真是个小女孩。不同职责的会计之间，所需要的业务能力天差地别，你跟着一个骑自行车的能学会开宇宙飞船吗？"

"差异真有那么大？"我半信半疑。

钱宇凡点头："就是那么大。"

然后他以我们公司为例，给我讲了不同会计之间的区别。

爱之美贸易有限公司虽然说是贸易公司，但它手下其实是有实体工厂的，做的是机械设备。所以会计室里总共设了六个会计岗位（如图1-4），分别为总账会计、应收会计、成本会计、销售会计、税务会计、资金会计。

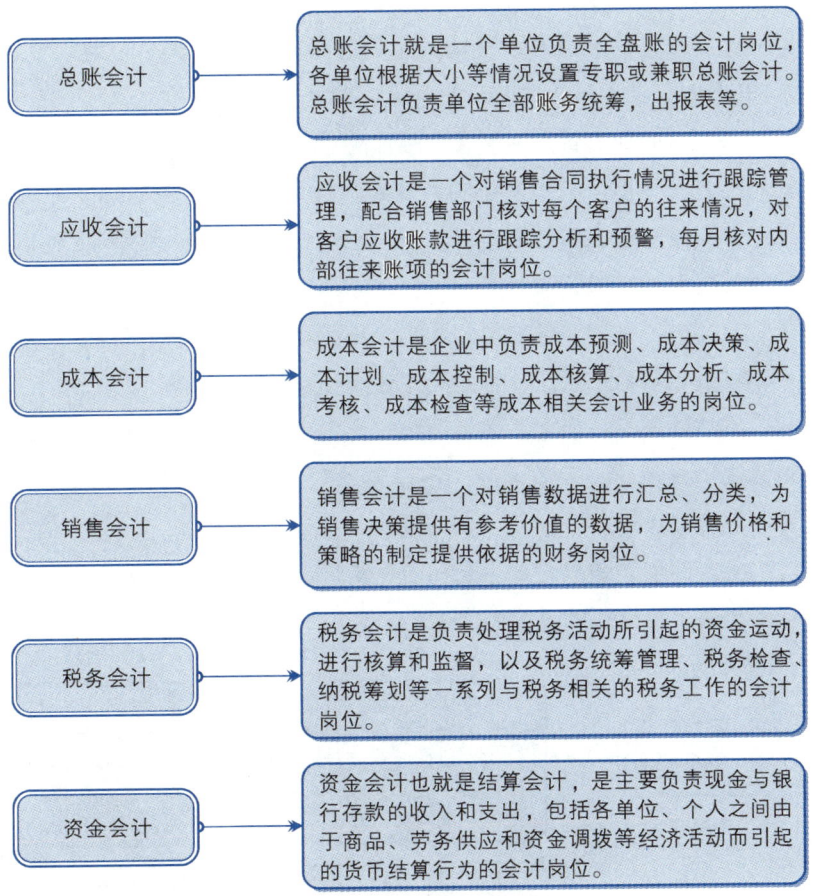

**总账会计** → 总账会计就是一个单位负责全盘账的会计岗位，各单位根据大小等情况设置专职或兼职总账会计。总账会计负责单位全部账务统筹，出报表等。

**应收会计** → 应收会计是一个对销售合同执行情况进行跟踪管理，配合销售部门核对每个客户的往来情况，对客户应收账款进行跟踪分析和预警，每月核对内部往来账项的会计岗位。

**成本会计** → 成本会计是企业中负责成本预测、成本决策、成本计划、成本控制、成本核算、成本分析、成本考核、成本检查等成本相关会计业务的岗位。

**销售会计** → 销售会计是一个对销售数据进行汇总、分类，为销售决策提供有参考价值的数据，为销售价格和策略的制定提供依据的财务岗位。

**税务会计** → 税务会计是负责处理税务活动所引起的资金运动，进行核算和监督，以及税务统筹管理、税务检查、纳税筹划等一系列与税务相关的税务工作的会计岗位。

**资金会计** → 资金会计也就是结算会计，是主要负责现金与银行存款的收入和支出，包括各单位、个人之间由于商品、劳务供应和资金调拨等经济活动而引起的货币结算行为的会计岗位。

**图1-4　会计岗位职责**

这些岗位相辅相成，但是他们的工作内容却天差地别。

钱宇凡点了点我的鼻子："所以小美，先好好跟凌丽学，别等她走的时候你接不了她的工作，那你就要被开除啦！"

真是"老谋深算"的宇凡，他能站在财务总监的角度来分析问题，视野开阔，眼光超前，为他点赞！

"知道啦。"我皱了皱鼻子，还是闷闷不乐，"你怎么知道她就会走了。"

钱宇凡笑了笑，信心十足地说："不信咱们就走着瞧嘛。"

因为钱宇凡的提醒，我一直在心里忍着对凌丽的不满，她的挑衅我也以不变应万变的方式——接下了。

比如说，我第一天跟着她做账的时候，她就很瞧不起地问我："你知道咱们会计核算的基础是什么吗?"

按照《企业会计准则》《金融保险企业财务制度》规定，企业进行会计核算应以权责发生制为基础，遵循权责发生制原则。

其实我知道答案是权责发生制，但明显她就是在找我茬，我也就假装白痴给她机会说我了。

要知道，这种业务方面的问题，不怕她找茬说我——只要她开口，我就能学到东西。就怕她不说话啊!

果然我说不知道之后，她便将权责发生制和收付实现制的区别对我说了一大通，来教训我"不学无术"。然后，她就跟我演练了一些业务实操了。

哦，你们知道权责发生制和收付实现制的区别吗? 要不我先给你们科普一下这个吧（如图 1-5）。

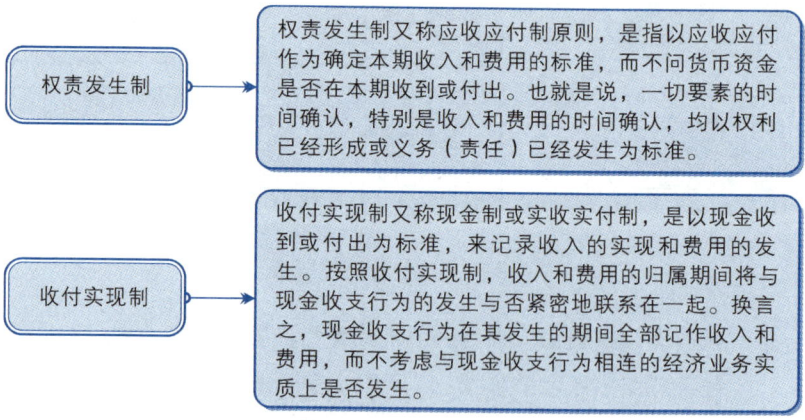

图 1-5　权责发生制与收付实现制

权责发生制和收付实现制在处理收入和费用时的原则是不同的，所以同一会计事项按不同的会计处理基础进行处理，其结果可能是相同的，也可能是不同的。两者的不同之处主要表现在：

① 因为在应计基础上存在费用的待摊和预提问题等，而在现金收付基础上不存在这些问题，所以在进行核算时他们所设置的会计科目不完全相同。

② 因为应计基础和现金收付基础确定收入和费用的原则不同，因此，它们即使是在同一时期同一业务计算的收入和费用总额也不可能相同。

③ 由于在应计基础上是以应收应付为标准来作收入和费用的归属、配比，因此，计算出来的盈亏较为准确。而在现金收付基础下是以款项的实际收付为标准来作收入和费用的归属、配比，因此，计算出来的盈亏不够准确。

④ 在应计基础上期末对账簿记录进行调整之后才能计算盈亏，所以手续比较麻烦，而在现金收付基础上期末不要对账簿记录进行调整，即可计算盈亏，所以手续比较简单。

凌丽的岗位是资金会计，我必须得吐槽她，难怪她要问我权责发生制呢，这不是和资金的核算最息息相关的基础原理嘛！

回到家已经很晚了。我和宇凡翻开冰箱，里面只剩下一个西红柿。望着空旷的冰箱，我俩决定不做饭了。我提议吃方便面，宇凡表示赞同。他匆忙跑下楼。一会儿功夫，宇凡拎着两包方便面跑上了楼。进了门就说：

"刚才太慌张了，下楼没有带钱。不过楼下小超市的老板认识我，赊销了两袋方便面。一会儿你可提醒我，别忘还小超市泡面钱。"

我从口袋掏出了八元钱，放在餐桌上。这样看到零钱，我们就不会忘记这件事了。

吃泡面的时候，宇凡突然问我一个问题，楼下小超市如果今天只卖了这两包面，他们的营业收入、利润是多少呢？

学霸型的宇凡抛出这样的问题顿时让我蒙了。不过我细细琢磨一番说："老板应该认为，今天主营业务收入是 8 元，如果每袋面的进货成本是 3 元，那小店利润是 2 元。"

宇凡眯着眼睛，又抛出个问题："那老板娘来了，一看钱盒子里一分钱没有，毕竟他们是赊销。所以老板娘会很恼火，认为今天没见到钱，就不会有收入。如果老板认为今天营业收入是 8 元，可钱盒子就是没有钱。小美呀，我问你，老板娘和老板翻脸有没有道理？"

这个问题可难倒我了，不无感慨地说："你说的老板娘可真是见钱眼开呀！不过我觉得，老板认为的没有错。毕竟我都把钱准备好了，咱又不可能不去还钱。"

宇凡把口中的面咽下，还美滋滋地咂摸一下嘴，然后说道："小美，其实老板娘是税务局，老板是会计哦！"

我瞪大眼睛，望着宇凡，不知道他说的是什么。接下来宇凡给我继续解释说："我们会计上将这种实际已经发生的经济业务，无论是否收到钱，满足收入确认条件就会算收入。不会看钱袋子是否收到钱。而一些计算税款的时候，税法多数是采用收付实现制。也就是老板娘，很务实。只看钱盒子是否有钱。因此老板和老板娘两个人的说法都没有错。但是作为我们会计，首先要用老板的眼光看问题。"

我接过宇凡的话，继续说："刚才还有些不解，这回终于明白了权责发生制与收付实现制的区别了。"

## 会计计量非同凡响

我们吃过泡面后，宇凡匆匆跑下楼，还了小超市的 8 元钱。他还不忘跟我说，对于老板而言，是要冲应收账款。其实就是在赊销记录的小册子上划掉这笔。而老板娘呢，真切体会到了 8 元的主营业务收入，还有那 2 块钱的利润啦。

回来之后，宇凡跟我提起了会计科目。

会计科目是按照经济业务的内容和经济管理的要求，对会计要素的具体内容进行分类核算的科目。

而资金会计所涉及的主要的会计科目就是"库存现金"和"银行存款"了。无论是应付账款，应收账款，还是其他应收款，只要与资金的进出有关的，都会与这两个科目有关联。

可是那些与会计科目相对应的金额是怎么来的呢？这就牵扯到会计计量属性了。

会计计量是根据一定的计量标准和计量方法，将符合确认条件的会计要素登记入账并列报于财务报表而确定其金额的过程。企业应当按照规定的会计计量属性进行计量，确定相关金额，计量属性是指所计量的某一要素的特性方面，如桌子的长度、铁矿的重量、楼房的高度等。从会计角度，计量属性反映的是会计要素金额的确定基础，主要包括历史成本、重置成本、可变现净值、现值和公允价值等。

根据 2006 年版《企业会计准则》的描述，会计计量属性主要包括：历史成本、重置成本、可变现净值、现值和公允价值（如图 1-6）。

而在填制凭证之前，还有一个不得不提的理论要说一说，就是会计基本假设。

会计假设亦称会计的前提，是指在特定的经济环境中，根据以往的会计的实践和理论，对会计领域中尚未肯定的事项所作出的合乎情理的假说或设想。

会计假设包括会计主体假设，持续经营假设，会计分期假设和货币计量假设。

会计基本假设是会计赖以存在的经济、政治和社会环境的基本前提或基本假设，是比会计原则上更为基础和理论性的概念，它不是人们的主观想象，而是客观实践的产物，是有客观依据的，一般在会计实践中长期奉行，无须证明便为人们所接受，是从事会计工

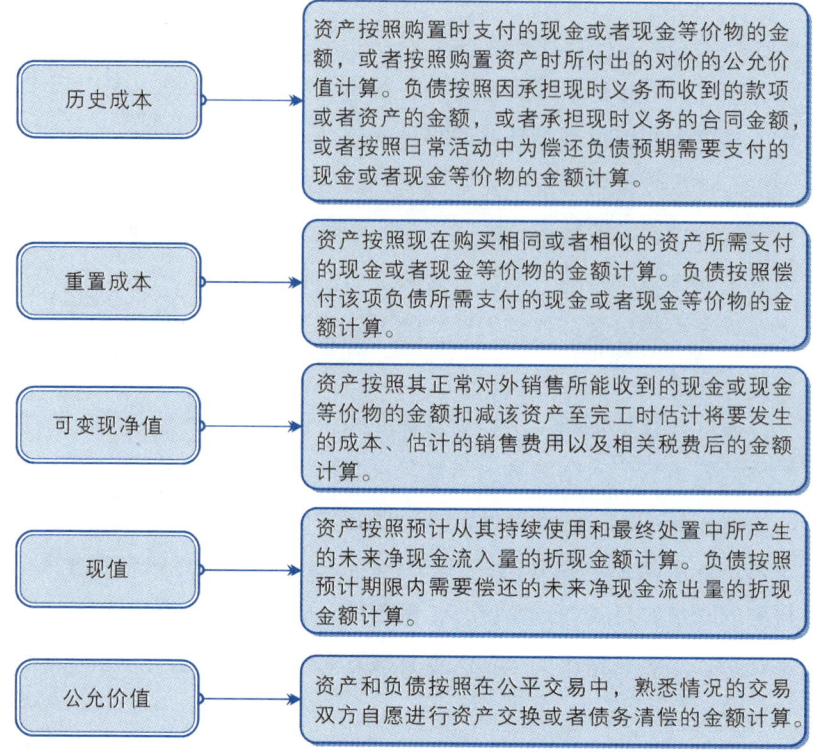

| 历史成本 | 资产按照购置时支付的现金或者现金等价物的金额，或者按照购置资产时所付出的对价的公允价值计算。负债按照因承担现时义务而收到的款项或者资产的金额，或者承担现时义务的合同金额，或者按照日常活动中为偿还负债预期需要支付的现金或者现金等价物的金额计算。 |
|---|---|
| 重置成本 | 资产按照现在购买相同或者相似的资产所需支付的现金或者现金等价物的金额计算。负债按照偿付该项负债所需支付的现金或者现金等价物的金额计算。 |
| 可变现净值 | 资产按照其正常对外销售所能收到的现金或现金等价物的金额扣减该资产至完工时估计将要发生的成本、估计的销售费用以及相关税费后的金额计算。 |
| 现值 | 资产按照预计从其持续使用和最终处置中所产生的未来净现金流入量的折现金额计算。负债按照预计期限内需要偿还的未来净现金流出量的折现金额计算。 |
| 公允价值 | 资产和负债按照在公平交易中，熟悉情况的交易双方自愿进行资产交换或者债务清偿的金额计算。 |

**图1-6 会计的六种计量属性**

作、研究会计问题的前提。

这些观念性的东西虽然没有什么实际操作，但是因为会计基本假设的存在，我们的会计工作才有了基础，所以了解这些知识对我们实际工作的展开很有好处。

那天上班的时候，凌丽也不管我懂不懂，就拿了份付款单带我做账。

该业务事项是，出纳用现金预先付给曹思然预支款600元。因为库存现金属于资产类，站在公司的角度，资产减少。因此贷方科目是库存现金，需要填制付款凭证。而借方科目是在为这600元找到去向。说直接些，就是将这600元记在谁的头上。

会计科目中资产类的"预付账款"，顾名思义是预先付出的账款，尚未得到确认。因此一级科目是"预付账款"。又由于预付账款属于资产类。站在公司的角度，一项资产的减少，如果没有成本、费用发生，那另一项资产增加是必然的。

该笔业务的会计分录如下：

借：预付账款——曹思然      600

  贷：库存现金      600

又由于，公司预付账款会针对不同的人，不同的事项。因此需要对预付账款进行细分，也就是二级科目拟定为"曹思然"。最终凭证（见图 1-7）填写如下：

## 付 款 凭 证

第__×__号

贷方科目：库存现金      2015 年 5 月 4 日      附件__1__页

| 摘　要 | 借 方 科 目 | | 金　额 | | | | | | | | | | 账页或√ |
|---|---|---|---|---|---|---|---|---|---|---|---|---|---|
| | 一级科目 | 二级科目 | 千 | 百 | 十 | 万 | 千 | 百 | 十 | 元 | 角 | 分 | |
| 付曹思然预支款 | 预付账款 | 曹思然 | | | | | ¥ | 6 | 0 | 0 | 0 | 0 | √ |
| | | | | | | | | | | | | | |
| | | | | | | | | | | | | | |
| | | | | | | | | | | | | | |
| | | | | | | | | | | | | | |
| 合　计 | | | | | | | ¥ | 6 | 0 | 0 | 0 | 0 | |

会计主管：李明   记账：赵坤   出纳：刘芳   复核：李凯   制单：凌丽

图 1-7　付款凭证

凌丽做账的时候非常快，看得出她对这类业务处理得非常熟练了。而我的大脑高速运转，将平日积累的各种知识融会贯通，尽可能跟上凌丽的制单过程。最后总算是能针对这项业务，用会计语言表达出来了。

未来我会是一名资金会计吗？我不知道。但是我要开始学习了。凌丽的讲解也是只言片语，更多需要我自己的理解和思考。我预感，自己的会计之路远没有在精典公司学做出纳那么顺利。

　　不过，无论如何，小美的会计逆袭之旅正式启程。短时期内我相信，自己也可以成为一名比凌丽业务还熟练的会计能手。

# 怎么成为一名老板喜欢的会计

　　我虽然是会计专业出身，但大学里不学无术尽玩耍的那点事儿大家都懂的。当初旷课打游戏挂科一时爽，如今工作不知会计科目方晓难。

　　而生活更艰难的是，你以为工作了就会有人教你怎么做账，但实际人家坑你没商量！这不，不学无术的我不就遇到盛气凌人的凌丽了嘛。而万幸的是，我还有宇凡！他对我而言就是我的哆啦A梦，而凌丽则像是身强体壮，爱欺负人的大雄。

　　我跟宇凡说了我在公司学业务的情况，并且如实跟他讲，凌丽讲的一些会计知识都似懂非懂。宇凡表情严肃，他清楚我的基础比较差。

　　"会计的六要素是哪些你知道吧？"钱宇凡问我。

　　我："……"用无辜的眼神瞅着他，你觉得我知道吗？

　　钱宇凡无奈了："好吧，咱们先讲讲会计六要素。"

　　会计是以货币为主要计量单位，以凭证为依据，借助于专门的技术方法，对一定主体的经济活动进行完整、综合、连续、系统的核算与监督，并向预期使用者提供会计信息的一种经济管理活动。为了具体实施会计核算，就需要对会计核算和监督的内容进行分类，而会计要素是会计对象按经济特征所做的基本分类。

　　会计要素包括资产、负债、所有者权益、收入、费用和利润（如图1.8）。其中，资产、负债和所有者权益三要素主要反映企业在一定时点的财务状况，称为静态三要素；收入、费用和利润反映企业某一时间段的经营成果，称为动态三要素。

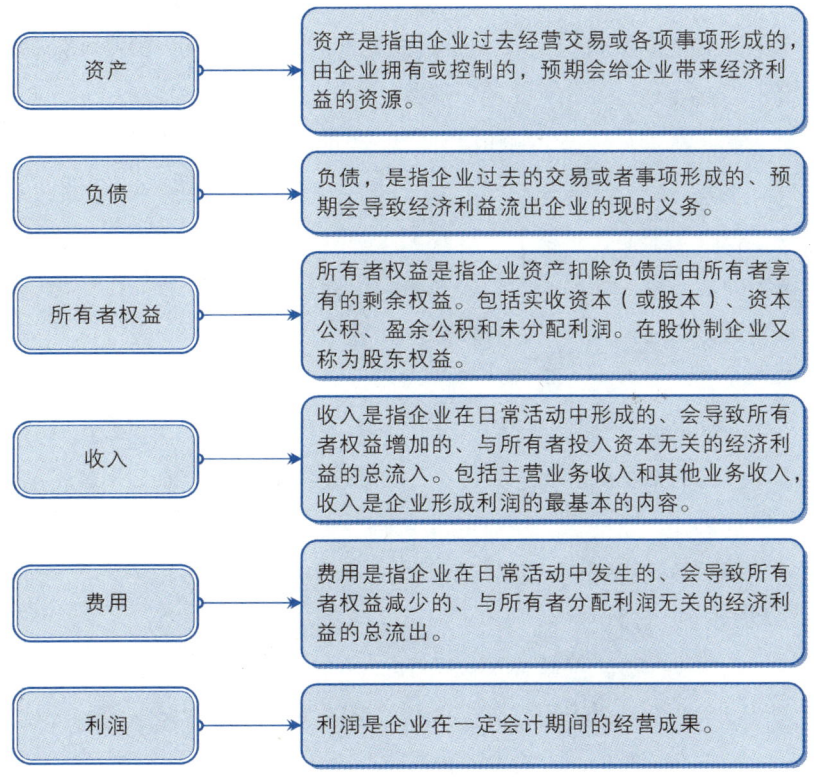

| | |
|---|---|
| 资产 | 资产是指由企业过去经营交易或各项事项形成的，由企业拥有或控制的，预期会给企业带来经济利益的资源。 |
| 负债 | 负债，是指企业过去的交易或者事项形成的、预期会导致经济利益流出企业的现时义务。 |
| 所有者权益 | 所有者权益是指企业资产扣除负债后由所有者享有的剩余权益。包括实收资本（或股本）、资本公积、盈余公积和未分配利润。在股份制企业又称为股东权益。 |
| 收入 | 收入是指企业在日常活动中形成的、会导致所有者权益增加的、与所有者投入资本无关的经济利益的总流入。包括主营业务收入和其他业务收入，收入是企业形成利润的最基本的内容。 |
| 费用 | 费用是指企业在日常活动中发生的、会导致所有者权益减少的、与所有者分配利润无关的经济利益的总流出。 |
| 利润 | 利润是企业在一定会计期间的经营成果。 |

**图 1-8　会计六要素**

其实钱宇凡一提到资产、负债、所有者权益我就知道他在说什么了，毕竟还是学过的，虽然旷课旷得狠，但也不可能连这种基础都不知道。只不过因为他开始说的是会计六要素，我根本就没反应过来这六要素是什么。

钱宇凡跟我讲完六要素，就一脸神秘地问我："小美，你知道老板最关心会计提供的什么资料吗？"

这个……我真不知道啊！快告诉我！老板最关心的，就必须是我王美丽做得最好的啊！老板喜欢我了，我才能出任 CFO，迎娶高富帅，走向人生巅峰啊！

钱宇凡在我的星星眼中，笑眯眯地揭开了谜底："老板想要盈利，当然关心的就是净利润了。"

　　会计核算的最终结果，会体现在三张财务报表上——资产负债表、现金流量表和利润表。而利润指标，主要就通过利润表来得出了。

　　营业利润、利润总额和净利润，这是老板最关注的三个利润指标。那么什么是利润呢？

　　在我看来，利润就是企业在一定会计期间的经营成果。通俗来讲，就是一个会计期间内，公司名义上到底赚了多少钱。之所以说名义上，这是因为我们会计核算采用权责发生制，利润表上的利润不等同于实实在在收到的钱款。

　　不仅老板关心利润指标，作为财务人员也同样关心。公司赚钱了，员工的奖金就多了，奖金多了，你的奥迪，我的迪奥不就都有了嘛！

　　"那你知道这三个利润指标是怎么算的吗？"钱宇凡又笑眯眯地给我出了个难题。

　　我要是知道，不就成了你了嘛！

　　钱宇凡在我眼巴巴的目光中给了我答案，就是按照下面的公式了（图1-9）：

> 营业利润=营业收入−营业成本−营业税金及附加−销售费用−管理费用−财务费用−资产减值损失+公允价值变动净收益+投资净收益

> 利润总额=营业利润+营业外收入−营业外支出

> 利润总额−所得税费用=净利润

**图1-9　利润指标的计算**

　　钱宇凡讲完这些之后，我开始耍赖了："不算不算。你这讲的跟我现在要学的根本八竿子打不着的关系嘛！"

　　钱宇凡也不恼："这些你迟早要学的。先告诉你一下，让你有一个努力的目标啊。"

"那照你这么说，资产负债表和现金流量表就一点用都没有啦？"

"那当然不是。"钱宇凡解释说，"这三个表各有各的用途。只是吧，你看筷子、鞋子和水杯你觉得哪个重要？他们当然都是生活的必需品，但各自的重要性只有在他们发挥作用的那个方面才能体现出来，是不是？而老板他们都是想要赚钱的，当然盯利润就盯得紧一些。我只是想告诉你老板的偏好在哪一边而已。"

这倒也是。再好的管理，再好的决策，不都是为了攫取利润嘛。

我点点头："我明白了。"

顺着这个话题，钱宇凡鼓励我，希望以后有机会接触编制财务报表的工作。这块业务也算是财务工作中较为重要的一项。从编制再到分析，这样一个过程下来，财务人员就可以建立全局观。

我也暗下决心，相信不久的将来能成为报表会计，更加深入财务的核心工作。

# 第二章
## 幸福！生活无处不"会计"

会计恒等式

资产负债和所有者权益之间的关系

初始财务报表

应收款项账务处理

应收账款账龄分析

预付账款的账务处理

存货的分类

存货的计量方法

存货跌价准备的计提与结转

坏账的计提

金融资产的确认及核算

通过本章，小美掌握了如下技能

 # 曹操＝刘备＋孙权！ Why

　　钱宇凡说要想个办法，让我能明白地理解他讲的会计知识。但他整整一个礼拜都没有动静，我还以为他没想到办法，这事儿无疾而终了呢。没想到等到星期天的时候，钱宇凡兴致勃勃地拿出了一张纸，跟我说我们要开公司了！

　　他先拿我们彼此做了个例子。

　　"你知道会计恒等式吧?"他问我。

　　这个当然知道了。

　　资产＝负债＋所有者权益。

　　钱宇凡就在纸上写下了这个等式，跟我讲解："你看，这就像一个能量守恒定律。左边少了，右边就会少；左边多了，右边就会多。"

　　我不屑地瞥了眼宇凡，心想等式有什么难的。小学生都知道 1＋1＝2，等式两边必相等。

　　似乎宇凡察觉了我漫不经心的态度，微微笑了笑，继续说："虽说等式左右相等是再基础不过的数学概念，但是放置到我们会计领域，可不是那么单纯的 1＋1＝2 喽！"

　　"那有什么门道?"

　　"小美，我问你，你说在三国时期谁的势力最大?"

　　想当年，我对袁阔成老师讲的评书《三国演义》情有独钟，虽然是个女孩，但对三国也痴迷过一段。

　　"那还用说，曹操势力最大，长江以北基本都是曹操势力。"

宇凡继续发问："那你说三国中缺了刘备，孙权自己能抗衡曹操吗？"

"当然不能，孙刘联盟，合击抗曹，才让曹操有赤壁大败。如果没有刘备的帮助，曹军早就攻下江南了。"

宇凡说："嘿嘿，咱们会计等式也就是这个道理。三国时期魏蜀吴形成了一个固定三角形，彼此之间势力达成了平衡。虽说魏国势力最盛，但也囿于蜀吴联盟，而不敢继续扩展势力。"

我觉得宇凡说的有道理，历史也就是这样子，但我搞不懂他到底要说什么呢？

"宇凡，你是不是跑题啦！"

宇凡一脸坏笑，说："没。你想下咱们会计等式：资产＝负债＋所有者权益，是不是类似于：魏（资产）＝吴（负债）＋蜀（所有者权益）？"

宇凡这么一说，我还真觉得是那么回事。

宇凡见我点头，然后继续说："因为魏国势力最大，我们就把魏国比作资产，刘备是刘邦后裔，我们把蜀国比作所有者权益，孙权就把他比作负债吧。小美，你听过'一吕二赵三典韦'吗？"

我点点头。

"三国势力平衡，也全仗着各自手下文武大将，这些大将就好比会计科目。这些会计科目分别贴上了资产、负债、所有者权益的标签，然后通过他们来作为我们会计概念上权衡，使得这个会计第一恒等式达到平衡。"

最后宇凡补充道：至于到底是什么科目多的，什么科目少的，那就具体问题具体分析了。

还真别说，这是我第一次听人这样解释会计恒等式，真是收获不小。他通过能量守恒的方式，类比了三国时期魏蜀吴三分天下的局面，很形象地讲解了会计学原理。

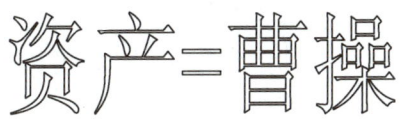

资产=曹操

曹操手下大将云集诸如典韦、夏侯敦、郭嘉等等。正如资产中的会计科目：银行存款、应收账款、固定资产、长期股权投资……

# 负债+所有者权益=孙权+刘备

刘备手下有关羽、张飞、赵云、诸葛亮等等。而孙权手下也有诸如周瑜、吕蒙、陆逊、黄盖、太史慈等鼎鼎有名的人物。这也好比是负债中的主要会计科目，如应付账款、其他应收款、长期借款等，以及所有者权益中的主要会计科目如实收资本、资本公积、利润分配等。

然后钱宇凡又深入给我讲了会计恒等式的变化："小美，我再问你，每个月我们财务人员总忙着做账，处理各类经济业务，那这个会计恒等式怎么平衡呢？"

这个问题可难倒了我，确实是这样，恒等式不能一成不变，不然我们财务人员每天忙着做账、编报表什么的，打破了这个恒等式，那么就有悖我们会计学原理啦。

"小美，我告诉你吧，如果要维持这个等式保持平衡，曹操和孙刘之间势均力敌，必须有个法则。那就是借贷记账法。孙刘联盟与曹操自然是两股势力，可以将负债和所有者权益理解成一支队伍。如果借贷双方不同属一支队伍，你只需要记住一句话：同消同长。"

我皱了皱眉，没太明白宇凡说的意思。于是他深入展开给我讲："制凭证（图2-1）的时候，资产增加，负债和所有者权益必然有增加。资产减少的时候，负债和所有者权益必然有一方减少。这就叫做借贷双方不是一支队伍，要同消同长。"

宇凡随手在纸上列了一个会计分录：

借：应付账款                                    2 000

  贷：银行存款                                    2 000

# 付 款 凭 证

贷方科目：银行存款　　　　　　201×年××月××日　　　　　　附件_1_页

| 摘　　要 | 借　方　科　目 | | 金　　额 | | | | | | | | | | 账页或√ |
| | 一级科目 | 二级科目 | 千 | 百 | 十 | 万 | 千 | 百 | 十 | 元 | 角 | 分 | |
| 付供货方货款 | 应付账款 | ××供货商 | | | | | 2 | 0 | 0 | 0 | 0 | 0 | √ |
| | | | | | | | | | | | | | |
| | | | | | | | | | | | | | |
| | | | | | | | | | | | | | |
| | | | | | | | | | | | | | |
| | | | | | | | | | | | | | |
| 合　　计 | | | | | | ￥ | 2 | 0 | 0 | 0 | 0 | 0 | |

会计主管：　　　记账：　　　出纳：　　　　　复核：　　　　　制单：

图 2-1　付款赁凭证

　　"你看，有借必有贷，借贷必相等。借方应付账款是负债，表示负债减少。贷方是银行存款，属于资产，放在贷方也表示减少。正如我说的，借贷科目不是一个队伍的话，就要同消同减。"钱宇凡说。

　　我追问："那借贷双方是一支队伍呢？比如都是资产，或者都是负债。"

　　"借贷科目是一支队伍的话，也是四个字，此消彼长。"

　　随后宇凡让我回忆，凌丽第一次在我面前制单的凭证：

借：预付账款——曹思然　　　　　　　　　　　　　　600

　　贷：库存现金　　　　　　　　　　　　　　　　　600

　　"看到了吗，预付账款、库存现金都是资产，也就是说都是一支队伍中的，为了维持咱们会计第一恒等式，在资产范围内必须此消彼长。所以说，借贷理论是一个神奇的理论哦！"

　　我在感慨宇凡经典解释的同时，也想到了我俩之间的关系："这就跟我们俩一样嘛。你是借方，我是贷方，咱们就是一个会计分录，不离不弃！"

我说出这样的想法，就发现钱宇凡的脸红了。从耳朵开始蔓延，红到了脖子上。会计男是不是都这样腼腆呢？

我刚想打趣他两句呢，他就已经反应过来，板着脸训斥我："别闹。咱俩要是借贷方的话，那就得是资产、负债、所有者权益里的两个吧？那还有一个呢？你想给咱们中间找一个第三者吗？"

这当然不能啦。我嘟起嘴跑去洗水果了，真讨厌，挑我语病！

钱宇凡倒是打个巴掌给个甜枣，又给我画了资产负债表和利润表之后就向我招手了："来，小美，我来教你怎么熟悉会计科目。"

我当年都能为了学业务对凌丽的挑衅全给忍了，难道还不能为了学知识原谅一下钱宇凡的一句"别闹"吗？

于是我屁颠屁颠地端着一盘子葡萄回来了，"怎么熟悉？"

 # 报表上的文章

钱宇凡笑眯眯地端着笔指点江山："你看看这两个表，有没有什么感想？（表2-1、表2-2）"

表 2-1　　　　　　　　资产负债表示意图

| 资　　　产 | 期末余额 | 年初余额 | 负债和所有者权益（或股东权益） | 期末余额 | 年初余额 |
|---|---|---|---|---|---|
| 流动资产 | | | 流动负债 | | |
| | | | 非流动负债 | | |
| | | | 所有者权益 | | |
| 非流动资产 | | | 实收资本（或股本） | | |
| | | | 资本公积 | | |
| | | | 盈余公积 | | |
| | | | 未分配利润 | | |
| | | | 所有者权益（或股东权益）合计 | | |
| 资产总计 | | | 负债和所有者权益总计（或股东权益） | | |

表 2-2　　　　　　　　　　　　　　利　润　表

会企 02 表

编制单位：　　　　　　　　　　　　年　　月　　　　　　　　单位：元

| 项　目 | 本期金额 | 上期金额 |
|---|---|---|
| 一、营业收入 | | |
| 　减：营业成本 | | |
| 　　　营业税金及附加 | | |
| 　　　销售费用 | | |
| 　　　管理费用 | | |
| 　　　财务费用 | | |
| 　　　资产减值损失 | | |
| 　加：公允价值变动收益（损失以"－"号填列） | | |
| 　　　投资收益（损失以"－"号填列） | | |
| 　　　其中：对联营企业和合营企业的投资收益 | | |
| 二、营业利润（亏损总额以"－"号填列） | | |
| 　加：营业外收入 | | |
| 　减：营业外支出 | | |
| 　　　其中：非流动资产处置损失 | | |
| 三、利润总额（亏损总额以"－"号填列） | | |
| 　减：所得税费用 | | |
| 四、净利润（净亏损以"－"号填列） | | |
| 五、每股收益： | | |
| 　（一）基本每股收益 | | |
| 　（二）稀释每股收益 | | |

　　我左看看，右看看，最后一脸茫然地望向了钱宇凡："我感觉你能把这么复杂的表都背下来，真的好厉害啊！"

　　"胡闹。"我一说完，钱宇凡用笔头敲了下我的脑门。我咧着嘴，怒视着他。

　　钱宇凡一边给我揉额头，一边给我讲："这两张表你可以当作故事书，上面大有文章。资产负债表是里子，利润表就是面子。想学会计就要知道会计六要素，学会计六要素就要记录这两张表。这两张报表就好比是会计六要素的地图，每类会计要素的定位都可以在这两张表里面找到。刚才我们提及资产、负债、所有者权益这些体现在资产负债表上。收入、费用、利润则最终反映在利润表上。"

"所以这两张表也是一个账务期的终点，是吗？"

钱宇凡赞许地点头："就是这样。在这里也要强调一下，刚才我们只说了资产、负债、所有者权益。对于收入、费用在填制凭证的时候也要区分借贷方。收入在贷方表示增加，费用在借方则表示费用增加。收入、费用、利润则反映在利润表上了。"

既是学习会计的起点，也是会计账务期的终点，财务报表在会计业务里的核心地位果然必须重视呀。

我拿着两张表开始看，但是，一分钟，两分钟，三分钟……

我记得磕磕绊绊，脑袋里却还是一塌糊涂。我丢开了报表："这不行啊，我听不能懂。如果死记硬背的话，还不如我直接跟凌丽学业务呢。"

钱宇凡摸了摸我的脑袋，又抽出了一张白纸："所以为了让你更直观地观察到报表形成的过程，体会它们的重要性，咱们来开个公司吧！"

## 美宇幸福　创意无限

开公司？

我顿时来了兴趣："开什么公司？怎么开？"

钱宇凡在白纸上写下了"美宇幸福公司"六个大字，说："就以咱们家为主体，开一个美宇幸福公司，用咱们家的收支来让你演练一下会计业务。"

美宇幸福公司？吸引人的创意哦！

随后钱宇凡问我："小美，你说，咱们家的主要收入来源是什么?"

这还能有什么。我不假思索地回答:"咱们俩的工资呗。"

"嗯,好,所以工资就是咱们的流动资金。"钱宇凡一边提笔在纸上写,一边问我,"那咱们收到工资的时候,咱们公司的会计分录该怎么做,你知道吗?"

当然不知道了。

我眼巴巴地望着钱宇凡。钱宇凡无奈地笑了笑,叹息着说:"工作的时候,可不许再像上学时对专业课不上心了!"

我连连点头,那当然了,再不奋起我就要变成一事无成的老太太了。

钱宇凡给我写下收入工资的会计分录:

借:银行存款　　　　　　　　　　　　　　　　　　　20 000
　　贷:主营业务收入　　　　　　　　　　　　　　　　　20 000

钱宇凡跟我解释:"银行存款放到借方,代表我们的银行存款的增加,也就是我们公司收入了 20 000 元。因为我们公司提供的服务,就是我们两个人的劳力,所以我们工资对我们公司而言就是主营业务收入。这样一借一贷,现金流进入咱们公司的账务就做完了。能看明白吗?"

我点了下头。这笔业务跟银行存款息息相关,我刚刚结束了一份出纳工作,对这种业务觉得挺熟悉的,理解起来也没什么难度。

然后钱宇凡继续提了一个问题:"你觉得咱们的银行存款是不是越多越好?"

这当然啦。我忙点头。存款什么的多多益善,有钱才能任性嘛!

但钱宇凡却摇头了:"你知道守财奴是怎么死的吗?存款再多,放在银行里也不过是个数字。货币资金对企业而言并非越多越好。有时,企业的货币资金过多反而反映了企业对资金的使用情况并不理想。财务管理上认为,货币资金是企业的血液,如果被凝固了,说明资金被毫无价值地闲置。只有让它们健康且生机勃勃地流动起来，才能为企业创造更好的财务状况！有一位理财专家说过这样一句话：花出去的钱才是自己的。会花才会赚，资金只有流动起来才能切实地改变我们的生活。这个道理，无论对家庭还是对企业都是适用的。"

这话说得真有道理，我迫不及待地想要实践了："既然如此，那咱们等会出去逛街去吧？我看上了一双高跟鞋，要八百元，上次看到了我嫌贵没买。但既然钱花出去才是自己的，那咱们今晚就去把那双鞋买了！"

钱宇凡很镇定地笑了笑，说："这倒不急。其实资金也只有积累了一定数额之后才有让它流动起来的必要，买鞋的事，咱们还是等我们美宇幸福公司有了二十万元以上的储备资金再考虑吧。"

二十万元，那得猴年马月啊！

真是虚伪的男人，切！

钱宇凡看我鄙视的表情也不恼，反倒笑眯眯地又向我提问："小美，问你个你应该知道的问题。货币资金有哪些啊？"

货币资金是指在企业生产经营过程中处于货币形态的那部分资金，按其形态和用途不同可分为包括库存现金、银行存款和其他货币资金。

我不假思索地答道："库存现金、银行存款和其他货币资金。"

"那其他货币资金包括哪些呢？"

我答："外埠存款、银行汇票存款、银行本票存款、信用证保证金存款、信用卡存款、存出投资款，还有一些其他的货币资金。"

钱宇凡赞许地点了点头："看来你当出纳的时候，还是用心了的。"

那当然了，我可是拿出当年高考的劲头去学的出纳呢！

钱宇凡又提出问题了："那么现在有个问题了，如果我派你到外地出差，去采购一批原材料。你觉得我们可能涉及货币资金的哪些二级科目呢？"

这个……

我开始回忆起脑袋里的知识：

企业银行账户的类型包括基本存款账户、一般存款账户、专用存款账户和临时存款账户。

这四种账户的应用范围分别为：

基本存款账户：存款人日常经营活动的资金收付，以及存款人的工资、奖金和现金的支取。

一般存款账户：办理存款人借款转存、借款归还和其他结算的资金收付；该账户可以办理现金缴存，但不得办理现金支取。

专用存款账户：

a. 单位银行卡账户的资金必须由基本存款账户转账存入，该账户不得办理现金收付业务。

b. 财政预算外资金、证券交易结算资金、期货交易保证金和信托基金专用存款账户，不得支取现金。

c. 基本建设资金、更新改造资金、政策性房地产开发资金、金融机构存放同业资金账户需要支取现金的，应在开户时报中国人民银行当地分支行批准。

d. 粮、棉、油收购资金、社会保障基金、住房基金和党、团、工会经费专用存款账户支取现金应按照国家现金管理的规定办理。

e. 收入汇缴账户除向其基本存款账户或预算外资金财政专用存款户划缴款项外，只收不付；业务支出账户除从其基本存款账户拨入款项外，只付不收。

临时存款账户：

a. 临时存款账户用于办理临时机构以及存款人临时经营活动发生的资金收付。

b. 设立临时机构、异地临时经营活动、注册验（增）资，可以开立临时存款账户。

c. 临时存款账户的有效期最长不得超过2年。

d. 注册验资的临时存款账户在验资期间只收不付。

而其他货币资金中，

外埠存款是指企业到外地进行临时或零星采购时，汇往采购地银行开立采购专户的款项（企业在外埠开立临时采购账户，需经开户地银行批准）。

银行汇票是指由出票银行签发的，由其在见票时按照实际结算金额无条件付给收款人或者持票人的票据。银行汇票的出票银行为银行汇票的付款人。多用于办理异地转账结算和支取现金，尤其在见票时，按照实际结算金额无条件支付给收款人或持票人的票据。银行汇票有使用灵活、票随人到、兑现性强等特点，适用于先收款后发货或钱货两清的商品交易。

银行本票是申请人将款项交存银行，由银行签发的承诺自己在见票时无条件支付确定的金额给收款人或者持票人的票据。

信用证，是指开证银行应申请人（买方）的要求并按其指示向第三方开立的载有一定金额的、在一定的期限内凭符合规定的单据付款的书面保证文件。信用证是国际贸易中最主要、最常用的支付方式。

这些账户中，很明显异地存储可能涉及的也就是外埠存款、银行本票和银行汇票了。

于是我胸有成竹地答道："其他货币资金里的外埠存款、银行本票存款和银行汇票存款。"

"错了。"钱宇凡笑了。

我愕然："怎么错了？"

钱宇凡说："当然错了，你漏掉银行存款了啊。"

钱宇凡给我解释，无论是外埠存款、银行本票还是银行汇票，它们最根本的来源还是公司的银行账户。而公司银行账户里的钱，当然就是涉及银行存款账户了啊。

这种解释……"钱宇凡你给我下套是吧！"

正常人谁会想到银行汇票的钱还是要从银行账户里转出去的啊！

我气得对钱宇凡施以老拳。

钱宇凡也不还手，只四处躲闪着我的花拳绣腿，我们俩笑闹着成了一团。

等我闹不动他了，他又凑上来抓住了我的手，冲我挤眼说：

"怎么样，咱们这个公司开得还算有乐趣吧？"

嗯，确实有趣。我张牙舞爪地又扑到了他的身上掐他痒痒肉，尖叫着和他打闹，彼此沉浸在欢笑中。

美宇幸福公司不仅仅是我们的乌托邦，更是我们对未来美好的憧憬。

 # 命运在谁手中

美好的时光总是短暂的，以美宇幸福公司为例，我学了许多会计知识。既长了我的见识，又开阔了我的视野，更主要的是能快乐的学习。我不无感慨地对宇凡说："生活无处不会计。"

不过周末转瞬即逝，周日过后黑色星期一就马上来袭。为了缓解我的郁闷情绪，我捧起手机玩起了最爱——天天炫舞。在游戏虚拟的世界里似乎我变得很主动，竟然向钱宇凡"求婚"。宇凡说我目的不纯，我也承认，期望他在游戏里面送我一套漂亮的衣服。不过，我告诉宇凡，我是很享受与他在游戏里穿着超萌情侣装劲爆十足炫舞的感觉。

幻想终究是幻想，黑色星期一还是要来临。在我还在默念着"不想上班，不想上班，不想上班"的时候，已经不情不愿地挤上公交车，刚到公司就又看到了面无表情、爱答不理的凌丽。不过，出于礼貌，我还是笑着向她打招呼："凌姐早啊。"

她回了我一声"哼"，就说："我这个星期要跟着总监去出差，跟你说一声。你就自己看着学吧。"

我顿时觉得像中了一个晴天霹雳："我跟谁学啊？"

她撇了下嘴角："随你啊。你不是跟于晶相处得不错吗，就跟她学也成啊。"说完她就去了总监室。我有种被打入冷宫的感觉。我之前做出纳也是有赵姐带我的啊！现在你就这么撇下我不管

了吗！

但很显然，我的内心这一通咆哮没对凌丽造成任何后果。她很潇洒地拍拍屁股就跟着总监走了，连个眼角都没扫我。真是气得我无语。

于晶在 QQ 上安慰我："别难过啦。凌姐就是这个性子，一直仗着总监护着她。你就忍一忍咯，等实习期满接替了她的位置，就再也不会被她烦了。"

这段话的信息量太大了……它不只告诉了我凌丽针对我的原因，验证了钱宇凡当初说的我被录取是为了取代凌丽的话，还告诉了我公司财务系统里的复杂人事关系。

我跟于晶说："我是接替凌姐的吗？总监招我进来的时候没说啊！"

于晶问我："没说？那总监招你就没跟你说你的岗位是什么吗？"

我说："总监就说是会计，没说要接替谁。"而当时我看着能够当会计，这家企业风评也还不错，就兴冲冲地来了……

于晶发了个"囧"的表情："可能是总监不舍得凌丽走吧。不过你这个岗位，确实是副总交代要招进来接替凌丽的。"

一瞬间，我的脑海里被各种职场斗争戏码充满了。

我觉得我真傻，一听到能当会计就想也不想地来了，根本就没想过这里头会不会有问题。

按于晶说的话，就是说凌丽得罪了副总，副总要解雇她，但总监不想解雇，又迫于副总的压力不得不招代替的人……这明显就是缓兵之计嘛。

也就是说，我实习期之后能不能留下来，就得看总监和凌丽是怎么运作的了。他们运作得好，劝通了副总，我估计就得被踢走。运作得不好，副总死都不喜欢凌丽，那我就能留下了。

难怪我一直不知道我未来的岗位。难怪凌丽不肯教我东西。

人生就是如此，自己的命运究竟是自己掌握，还是交由别人掌握呢？忽然间，因工作去留的事情，使我小美也思考上如此高深的哲学命题。不过我深深懂得，人要活在当下。现在都不去努力，又何谈未来？

于晶可能看出了我的苦恼，忙开解我："别担心啦，说不定我听错了呢。"

才不会。凌丽他们排斥我排斥得那么厉害，我又不是不会看。

于晶见我不回答，便换了话题："凌姐现在不在，要不你过来看我做账吧？"我转念，无论未来如何，自己都不能不学无术，不求进取了。于是二话没说拽了把转椅凑到于晶跟前。

于晶是应付会计，她的工作首先涉及的就是"应收账款"了。

应收账款，是指企业在正常的经营过程中因销售商品、产品、提供劳务等业务，应向购买单位收取的款项，包括应由购买单位或接受劳务单位负担的税金、代购买方垫付的各种运杂费等。

"做这个科目的账，首先要注意的就是应收账款的范围。"于晶问我，"小美，假如有一张商业承兑汇票，我们已经在银行申请了贴现，但承兑企业却无力偿还票款，所以现在我们收到了银行退回的这张汇票。你觉得我们应该怎么做这笔账？"

"不会是进'应收账款'科目吧？"

我觉得不可思议。在我看来，既然退回的是商业汇票，那就应该把这笔业务再做"应收票据"科目啊。但是很明显的，于晶的意思应该是要做到"应收账款"科目里。

而于晶已经点头了，说："对。这里的会计分录应该借方是应收账款，贷方是短期借款。"

"为什么是贷短期借款啊？"我很不解。

于晶解释说："因为银行把汇票退给了我们，但我们却没把钱偿还给银行，这时银行就会把这笔钱当作我们在银行里的借款。所以贷方就要做在'短期借款'科目里了。"

"那为什么借记应收账款呢？"这个也是我更加不解的问题。

于晶笑了："因为我们在银行申请贴现的时候，就已经终止确认原票据了啊！"

这一系列业务的会计分录是这样的：

公司发出商品，收到承兑企业 A 公司给的商业汇票：

借：应收票据——A 公司

　　贷：主营业务收入

公司将这张商业汇票贴现：

借：银行存款

　　财务费用

　　贷：应收票据——A 公司

A 公司无法承兑该汇票，B 银行将汇票退回我方公司：

借：应收账款——A 公司

　　贷：短期借款——B 银行

于晶帮我理顺整个业务过程，我终于恍然大悟了，原来这么回事啊！

而就着这个例子，于晶又给我讲了"应收账款"科目所包含的范围（如图 2-2）。

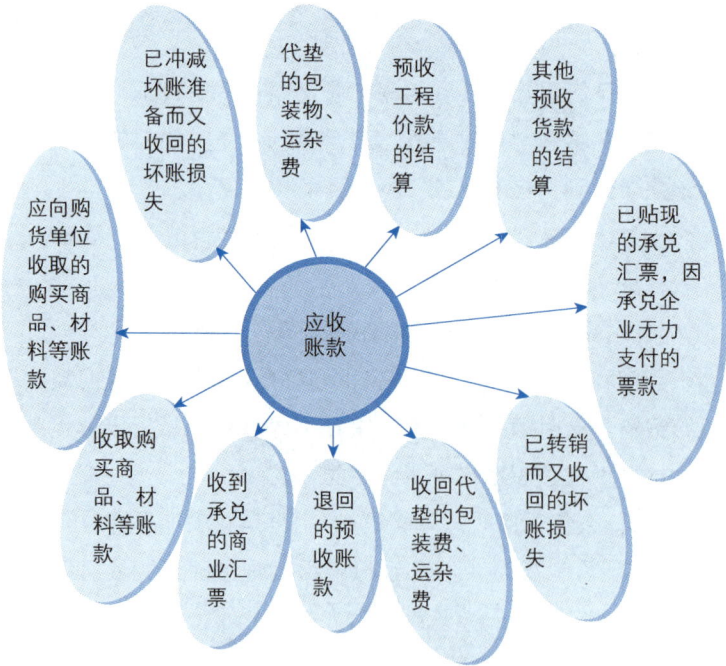

**图 2-2　应收账款范围**

遇到上图中的情况时，账务都是要做进"应收账款"科目的。

说完这些，于晶打开了一张应收账款台账表，也叫应收账款账龄分析表（如表2-3）。

表 2-3　　　　　　　　应收账款账龄分析表

年　　月　　日　　　　　　　　　　　单位：元

| 账　　龄 | A公司 | | B公司 | | C公司 | | 合　　计 | |
|---|---|---|---|---|---|---|---|---|
| 折扣期内 | 金额 | 比重（%） | 金额 | 比重（%） | 金额 | 比重（%） | 金额 | 比重（%） |
| 过折扣期但未到期 | | | | | | | | |
| 过期 1～30 天 | | | | | | | | |
| 过期 31～60 天 | | | | | | | | |
| 过期 61～90 天 | | | | | | | | |
| 过期 91～180 天 | | | | | | | | |
| 过期 181 天以上 | | | | | | | | |
| 合　　计 | | | | | | | | |

"这个'应收账款台账表'是我每个月都要做的，一份交老总，让他知道哪些钱该收回了；一份给业务部，让他们督促业务员收回款项；还有一份给财务副总，知会他一下。"于晶说。

我问："那这个表是从哪里来的呢？"

"就是导出财务软件里'应收账款'这个科目的科目明细表，然后翻出上个月的台账，再找出应收账款入账的原始材料，三者综合就得出这张表了。像某某公司欠多少钱，这种数据就是来自于财务软件，最后的应收账款的合计数应该是和财务软件里的'应收账款'这个科目的本月余额一致的。而某个公司的应收账款已经欠了多长时间了，这种数据就要根据上月的台账，以及咱们做账时用的原始材料了。"于晶说。

我又问："为什么要做得这么复杂呢？如果只是为了督促收账的话，提供欠款单位的名单和欠款金额不就可以了吗？"

"当然不只是为了收账啦。"于晶笑眯眯地说，"如果仅仅是为了催收欠款，那'坏账准备'这个科目是做什么的呢？"

"对哦！"我恍然大悟。依稀记得课本上提过，应收账款是要计提一定金额的坏账准备的呢。

我问于晶："那'坏账准备'怎么计提的呢？"

于晶拍了拍我的脑袋，说："这个问题就留到下次我做账的时候再给你讲吧。现在，已经到了午餐时间，咱们去吃饭吧。"

 # 无师自通大法

吃过饭午睡了一会儿，就又开始了下午的工作时间了。

我本要继续坐到于晶那里去学习应收账款的入账，却见采购部的王薇拉着一张单据急急忙忙地来找我了。

"小美，凌姐说她不在的时候你代替她工作，你快帮我把这张单确认一下！"

确认？这什么东西？我要确认什么？怎么确认啊？我整个人是懵的。

王薇却不耐烦了："你怎么回事？快看了给我签啊，人家供应商还等着我们打款呢！"

我只能接过单子，跟她说："你等一会儿，我先给凌姐打个电话，问问她这个具体怎么处理。"

王薇的眼神有些异样了，小声嘀咕着说："什么啊……来了都一个多星期了，这么点小事都不会做。"

她虽是小声，我却听得清清楚楚，心里觉得难受极了。偏偏电话里的彩铃不断地响，却就是没有人接电话，让我急得只想哭。

看着王薇的表情越来越难看，这时于晶过来给我解了围："小美，你在那边的档案室里找一个贴着'供应商合同'的柜子，那里

面有咱们公司所有和供应商签订的合同，你按供应商的首字母去找，把文件夹先拿过来。"

有了于晶的提示，我总算有了工作的方向。给了于晶感激的一瞥，我赶紧去找到了那个装着"北京艾诺模具厂原材料供应合同"的文件夹。

"晶晶，下面该怎么办？"我继续向于晶求助。

"你把那份合同和这份单据对照看一下，合同编号，材料清单，材料价格，预付方式……这些都核对无误的话，你就在单据上签字，现在总监不在，你直接去找副总，让他也签了字再还给王薇，好让她拿给出纳去打款。"

于晶的解释对我而言无异于仙音，连忙按她说的做完一切。

上帝保佑！单据没有出任何问题。

送走王薇，我深深地舒了口气。

一旁，于晶却笑了："你不会以为这就没事了吧？虽然我没做过预付款，但这个科目跟应付账款应该差不多，你现在得在财务软件上入账，还得做个预付账款的登记呢。"

预付账款，是指企业按照购货合同的规定，预先以货币资金或货币等价物支付供应单位的款项。

这下我为难了："但是凌姐没教过我怎么做啊。"

于晶耸了耸肩："你也可以等她回来，看她教不教你做。不过我劝你最好不要，咱们公司的性质比较特殊，定制品比较多，所以经常会有琐碎的专用材料采购。你要是当时没有做好登记的话，等月末查账的时候会很辛苦。"

于晶说完，我心里已经恨得咬牙切齿了。

这明摆着又是凌丽给我下的圈套，故意不告诉我就出差，让我在各类业务都很生疏的情况下开始上手做账。但我又不能推诿。如果做不好这些事的话，会显得我很无能。即使实习期满后有机会留下，公司相关领导也会因为此事断定我个人能力存在问题而婉拒。

凌丽欺负我如此之甚，如果不能打一个完美的翻身仗狠狠地把她拉下台，我自己都会瞧不起自己。

我给钱宇凡发了条微信求助："宇凡，现在我要做预付账款的入账，但是凌丽走之前什么都没教过我。我该怎么办？"

钱宇凡很快就回复了我："先进入财务软件，查'预付账款'这个科目的明细分类账，看一下以往这个科目都是怎么入账的。再去翻以往的凭证，找出相对应的原始文件。科目的借贷方的分录都看，多看几笔，找出规律了你就照着做。"

我又问他："那台账呢？于晶说让我最好同时做个登记呢。"

钱宇凡说："去凌丽的电脑上找。找到她以前的台账表，复制一个，按着她的模式填就行了。"

亲爱的宇凡，真是我无所不能、为我排除万难的机器猫啊！

过了一会儿，钱宇凡又发来了一条："和账务一起登记的台账主要是为了核对，避免财务软件上漏掉或错记了某一笔，这个一般都是自留的。你在凌丽的电脑上多找找，这个科目她肯定有两个台账，另一个台账应该是她期末做的，用来交给上级的。"

我回了他一个笑脸："明白了，长官。谢谢你的帮助！"

根据宇凡的指点，我首先通过"预付账款"的明细分类账点击查看公司以前在这个科目上的账务处理。

第一笔业务是这样的：

2014 年 7 月 14 日支付真味公司材料预付款 4 588 元，采购合同 S2013-0509221 号，销售合同 S2014-0701008 号，客户——李维亚

借：预付账款——真味公司　　　　　　　　　　4 588
　　贷：银行存款——基本户　　　　　　　　　　　　4 588

我一看就傻眼了，这个摘要我看不懂呀。

只好去问于晶，于晶告诉我说，这个摘要的意思是：客户李维亚与我们签订了编号为 S2014-0701008 号的合同，因为这一单合同，我们公司要到真味公司购买一批预付款为 4 588 元的专用材料。而这批材料的定价，是根据我们与真味公司签订的 S2013-0509221 号合同来的。付款凭证见图 2-3。

# 付 款 凭 证

第 ___×___ 号

贷方科目：银行存款——基本户　2014 年 7 月 14 日

附件___1___页

| 摘　　要 | 借方科目 | | 金　　额 | | | | | | | | | | 账页或√ |
|---|---|---|---|---|---|---|---|---|---|---|---|---|---|
| | 一级科目 | 二级科目 | 千 | 百 | 十 | 万 | 千 | 百 | 十 | 元 | 角 | 分 | |
| 采购合同 S2013－0509221 号，销售合同 S2014－0701008 号，客户——李维亚 | 预付账款 | 真味公司 | | | | | 4 | 5 | 8 | 8 | 0 | 0 | √ |
| | | | | | | | | | | | | | |
| | | | | | | | | | | | | | |
| | | | | | | | | | | | | | |
| | | | | | | | | | | | | | |
| | | | | | | | | | | | | | |
| 合　　计 | | | | | | ¥ | 4 | 5 | 8 | 8 | 0 | 0 | |

会计主管：李明　　记账：赵坤　　出纳：刘芳　　复核：李凯　　制单：凌丽

图 2-3　付款凭证

　　我有点糊涂了："为什么写这么麻烦啊？只要知道咱们付出的 4 588 元预付款是给真味公司不就行了吗？"

　　于晶说："咱们公司的账一向做得很细，因为量太多了啊，如果不写清来龙去脉的话，万一哪里出了问题，查起来会很麻烦的。"

　　"那这一段摘要里面也有问题啊。你看，它只写了销售合同和采购合同的合同号，这就只涉及了采购部和业务部。但是，这整个流程当中还有一个生产环节啊。如果是生产环节出了问题的话，咱们要去哪里查资料呢？"

　　于晶耸耸肩，说："所以这就是凌姐偷懒了嘛。你去档案室看一下那个贴着'生产订单'的柜子，里面那些生产订单上都写有销售合同号的。哪个销售合同，用了哪些材料，你一看生产订单就知道了。因为这事儿都是生产那边的跟单员在做，所以凌姐大概觉得这个信息跟她没关系，写不写上去都无所谓吧。"

这一下，整个业务的流程就清晰了。我在心里梳理一遍流程（如图 2-4）。

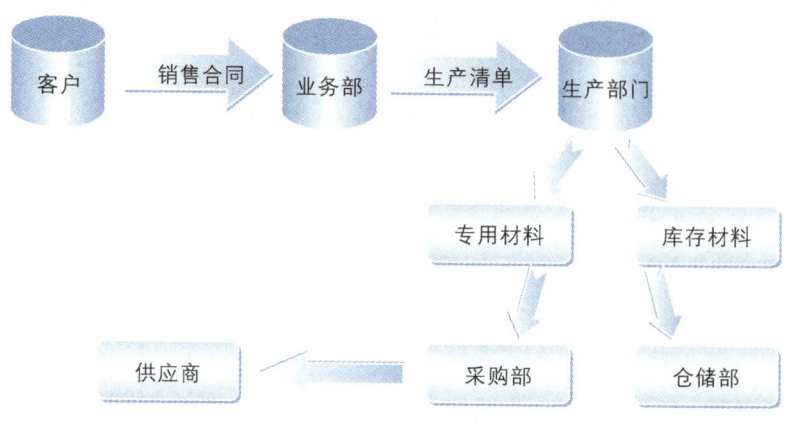

**图 2-4　购销业务流程图**

在这个过程里，采购部去找供应商采购专用材料时，所依据的采购价格和采购方式，就是以前我们公司与该供应商签订的采购合同。如果需要付预付款，资金会计就要按照那份采购合同去审核采购部拿来的采购单，审核无误，经领导同意，才能拿到出纳那里打款。

梳理完这个过程，我就对这部分工作有了了解。

我又点开一部分"预付账款"在借方的凭证，确认他们的分录都是：借记"预付账款"，贷记"银行存款"之后，便把刚刚王薇让我审核的那张单据入了账。

2015 年 8 月 25 日支付维多利亚模具公司材料预付款 15 206 元，采购合同 S2013‑0611011 号，销售合同 S2014‑0815106 号，客户——真橙公司。

借：预付账款——维多利亚模具公司　　　　　　　　15 206
　　贷：银行存款——基本户　　　　　　　　　　　　　15 206

做完这些，我找出凌丽的"预付账款台账表"，在上面登记了这一笔账务。又找于晶要上个月的"财务室提供台账"的打包件，

# 付 款 凭 证

贷方科目：银行存款——基本户　　　2015 年 8 月 25 日　　　　附件　1　页

| 摘　　要 | 借方科目 | | 金　　额 | | | | | | | | | | 账页或√ |
|---|---|---|---|---|---|---|---|---|---|---|---|---|---|
| | 一级科目 | 二级科目 | 千 | 百 | 十 | 万 | 千 | 百 | 十 | 元 | 角 | 分 | |
| 付维多利亚公司料款 | 预付账款 | 维多利亚模具公司 | | | ¥ | 1 | 5 | 2 | 0 | 6 | 0 | 0 | √ |
| | | | | | | | | | | | | | |
| | | | | | | | | | | | | | |
| | | | | | | | | | | | | | |
| | | | | | | | | | | | | | |
| | | | | | | | | | | | | | |
| 合　　计 | | | | | ¥ | 1 | 5 | 2 | 0 | 6 | 0 | 0 | |

会计主管：李明　　记账：赵坤　　出纳：刘芳　　复核：李凯　　制单：王美丽

图 2-5　付款凭证

从里面找出了上月的预付账款科目的台账表，与财务软件里上月的预付账款明细表核对，确认无误之后导进了自己的 U 盘——这个月的月末，我就用这个模板来做对外提供的台账。

这一部分，所涉及的只是"预付账款"的借方，但其实这个科目也是有贷方发生额的。

我点进一张预付账款贷方发生额的凭证：

2015 年 7 月 28 日收到真味公司原材料，生产订单 CZ2014-0509-BQ00 号。

| | | |
|---|---|---|
| 借：原材料 | | 281 635 |
| 贷：预付账款——真味公司 | | 56 327 |
| 银行存款——基本户 | | 225 308 |

我想了想，这张凭证的意思应该是，2015 年 7 月 28 日收到了生产订单 CZ2014-0509-BQ00 号所需要，由供应商真味公司提供的价值 281 635 元的原材料。我方付给他 225 308 元的采购余款，并

冲销了之前付的 56 327 元的预付账款。

所以，以后采购部来让我审核付给供应商的余款的单据时，我就要在审核这笔业务的金额、供应商名称等基础信息无误的基础上，去找仓库确认已经收到了这一批全部的原材料。审核无误，入账的时候，要做的会计分录就是借记"原材料"，贷记"预付账款"和"银行存款"。

我在纸上写下全部的业务流程，拿去给于晶看。

于晶看完点了点头："大致流程就是这样。"然后有些惊异地说，"小美，我发现你自学能力还挺强的啊！"

我笑了笑说："主要还是因为有你的帮助嘛。"

况且，如果我不能很好地自学，就会落入凌丽的圈套白白被她欺负，这逼得我自学能力不强也不行啊！

# 一法通　万法通

研究透彻"预付账款"的入账问题时，一天的工作时间已走到了尾声。

我跟于晶一起走出公司，走进地铁站时，于晶突然跟我提到："对了小美，我明天有事，就不去公司了。中午你要一个人去吃饭了啊。"

我立刻就傻了。这个公司里稍微对我释放了善意的，就只有于晶。如果她不上班，我明天该怎么熬过去啊？

我跟晶说了我的担忧，于晶想了想，说："要不你明天跟尤大姐去学习吧。她人很好的，就是不怎么爱说话。"

因为于晶的这个提议，第二天一早，我就去跟尤大姐套近乎了。

尤大姐穿着西装外套和中裙，头发一丝不苟，看起来就很严肃。不过她的头发虽然已经有些零星变白，但看起来还是挺年轻的。

于是，我先拍了她一个马屁："尤姐你看起来好年轻啊，一点都不像四十多岁的人。"

尤大姐嘴角翘了翘，说："当然了。因为我今年刚满三十岁。"

晕啊！尤大姐此时心里肯定会痛骂我！

不过，刚满三十岁的人脸上长出这么多皱纹确实也少见，星星点点也有几根白头发！

我还没想好怎么救场，尤大姐已经另起了话题拯救了我的尴尬："你是想来我这边学习吗？去把凳子搬过来吧。"

我觉得尤大姐真是宽宏大量，绝非小肚鸡肠的人。于是，我兴高采烈地答应了："好！"

尤大姐是销售会计。我有点纳闷："尤姐，销售会计主要负责哪些东西啊？"

我有这个疑问，是因为我在精典公司的时候曾经和会计们的谈话而引起的。当时我曾问过精典公司的销售会计她负责什么，她告诉我她主要是做"应收账款"这个科目，追踪应收账款的产生和回收等。因为销售商品的货款主要是进这个科目嘛！

但是现在问题来了，咱们公司里"应收账款"这个科目是由应收会计于晶负责的，既然已经有人负责这个科目了，那设置销售会计是干什么的？

尤大姐目不斜视，一边登陆财务软件，一边回答我说："主要负责'应收账款'的回收，顺带一些相关科目的入账。"

啊！一个科目还要两个人来盯啊！

我说出了疑惑，尤大姐给我解释说："这是因为我们公司的业务太琐碎才导致的。咱们每个月收入成千上万笔'应收账款'，于晶一个人怎么做得过来？况且做业务那些人都是老油子了，她一个年轻姑娘也对付不了。我是副总从业务部要过来的，为的就是督促应收账款的回流。"

说完，尤大姐又补充了一句："小美你的思维也别太僵化。岗位的设置必定是根据公司的需求来的，跟书本上的东西没太大关联。"

这句话顿时让我有些悟了。

对呀，知识也是要结合实际需要的嘛。没看就连会计科目的设置也是可以根据公司的需要来变通的吗？那岗位责任的划分跟书本上不一致又有什么不可以的呢？

想通这一点，我突然就有些豁然开朗的感觉。

其实这个道理不仅适用于岗位责任的划分，也适用于我们做账的程序，或者说同样适用于咱们会计的整个过程本身。万事不能拘泥于书本，一法通，万法通，如是而已。

而这时，尤大姐已经打开了一张凭证，问我："知道什么叫存货吧？"

存货，是指企业或商家在日常活动中持有以备出售的原料或产品、处在生产过程中的在产品、在生产过程或提供劳务过程中耗用的材料、物料等，销售存仓等。

我点点头说："知道。"

"那我就教一下你怎么处理存货的入账吧。"尤大姐说。

存货的分类大致包括八种（如图2-6）。

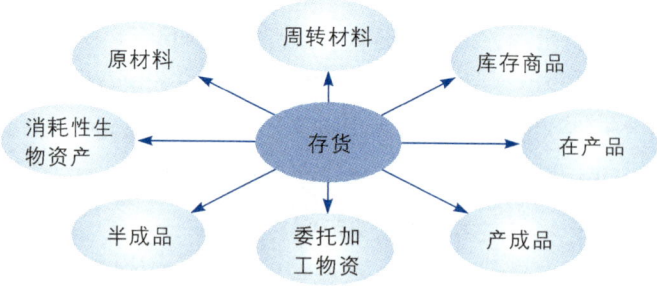

**图2-6　存货的分类**

尤大姐说："咱们公司大部分的存货，像原材料，半成品什么的，都是由生产部门的跟单员负责录入金蝶财务软件里的。需要会计跟踪和入账的，主要是'库存商品'。"

"那'库存商品'这个科目是怎么做账的呢？"我问尤大姐。

尤大姐打开了一张库存商品表（如表2-4）给我看。

表 2-4 　　　　　　　　　　　　库　存　表

| 序号 | 日期 | 商品名称 | 入　库 | | | 出　库 | | | 库　存 | | |
|---|---|---|---|---|---|---|---|---|---|---|---|
| | | | 数量 | 单价 | 金额 | 数量 | 单价 | 金额 | 数量 | 单价 | 金额 |
| | | | | | | | | | | | |
| | | | | | | | | | | | |
| | | | | | | | | | | | |
| | | | | | | | | | | | |
| | | | | | | | | | | | |
| | | | | | | | | | | | |
| | | | | | | | | | | | |
| | | | | | | | | | | | |
| | | | | | | | | | | | |
| | | | | | | | | | | | |
| | | | | | | | | | | | |
| | | | | | | | | | | | |
| | | | | | | | | | | | |
| | | | | | | | | | | | |
| | | | | | | | | | | | |
| | | | | | | | | | | | |

尤大姐说："这张表是由仓库提供给我们的。生产部把商品生产出来之后，便要放进仓库入库，这时他们就会提供一张库存商品的清单。仓库的工作人员拿着这张清单核对，核对无误之后，就会分别发一份给我们财务，一份给业务部。我们拿到清单后，就可以入账了。比如这笔业务，"尤大姐打开一张凭证（图2-7），说，"会计分录就是这么做的。"

我看了那张凭证，摘要和分录如下所示：

201×年××月××日生产一部完成 KB512-CA00 小型机器人，并入库。

借：库存商品——KB512-CA00 机器人　　　　　　254 821.43

贷：生产成本——生产一部　　　　　　　　　254 821.43

# 转 账 凭 证

201×年××月××日                                     转字第×号

| 摘 要 | 借方科目 | 贷方科目 | 过账 | 借方金额 | | | | | | | | | | 过账 | 贷方金额 | | | | | | | | |
|---|---|---|---|---|---|---|---|---|---|---|---|---|---|---|---|---|---|---|---|---|---|---|---|
| | | | | 千 | 百 | 十 | 万 | 千 | 百 | 十 | 元 | 角 | 分 | | 千 | 百 | 十 | 万 | 千 | 百 | 十 | 元 | 角 | 分 |
| 产品完工入库 | 库存商品——KB512-CA00机器人 | | | | | 2 | 5 | 4 | 8 | 2 | 1 | 4 | 3 | | | | | | | | | | | |
| 产品完工入库 | | 生产成本——生产一部 | | | | | | | | | | | | | | | 2 | 5 | 4 | 8 | 2 | 1 | 4 | 3 |
| | | | | | | | | | | | | | | | | | | | | | | | |
| 合　　计 | | | | ¥ | | 2 | 5 | 4 | 8 | 2 | 1 | 4 | 3 | | ¥ | | 2 | 5 | 4 | 8 | 2 | 1 | 4 | 3 |

会计主管:　　　记账:　　　　　复核:　　　　　　制单:

附件张

图 2-7　转账凭证

这时，我便有疑问了："那这个生产成本由谁冲销呢？"

尤大姐说："有成本会计啊。"

原来如此。不过，很快我又有了另一个疑惑："尤姐，那我们卖出商品的时候该怎么做账啊？"

尤大姐打开库存商品科目明细表，从贷方明细中随意选了一张凭证点开。

这张凭证（图 2-8）是这么写的：

201 ×年××月××日一仓库出库 KZ050-01 承重轴十个。

借：应收账款——华新公司　　　　　　　　　100 000

贷：库存商品——KZ050-01 承重轴　　　　　　　100 000

"就是这么做的。"尤大姐又让我看"库存商品"的科目明细表，说，"你看这个科目每个月期末都是有余额的，这些余额的来源主要有三个方面：

1. 咱们公司做好了，对方公司却突然说不要了的商品；

2. 为了损耗而多做出来的商品；

3. 对方公司的退货。

# 转 账 凭 证

| 摘　要 | 借方科目 | 贷方科目 | 过账 | 借方金额 | | | | | | | | | | 过账 | 贷方金额 | | | | | | | | | |
|---|---|---|---|---|---|---|---|---|---|---|---|---|---|---|---|---|---|---|---|---|---|---|---|---|
| | | | | 千 | 百 | 十 | 万 | 千 | 百 | 十 | 元 | 角 | 分 | | 千 | 百 | 十 | 万 | 千 | 百 | 十 | 元 | 角 | 分 |
| 一仓库出库 KZ050-01 承重轴十个 | 应收账款——华新公司 | | | | | 1 | 0 | 0 | 0 | 0 | 0 | 0 | 0 | | | | | | | | | | | |
| 一仓库出库 KZ050-01 承重轴十个 | | 库存商品——KZ050-01承重轴 | | | | | | | | | | | | | | | 1 | 0 | 0 | 0 | 0 | 0 | 0 | 0 |
| | | | | | | | | | | | | | | | | | | | | | | | | |
| 合　　计 | | | | ¥ | 1 | 0 | 0 | 0 | 0 | 0 | 0 | 0 | 0 | | ¥ | 1 | 0 | 0 | 0 | 0 | 0 | 0 | 0 | 0 |

附件　张

会计主管：　　　　记账：　　　　　　　　复核：　　　　　　　　制单：

图 2-8　转账凭证

这些都是可以直接销售的现货，每个月都要做好台账发给业务部，以便于他们及时向客户反馈。"

我看着尤大姐打开的台账表上的一行又一行的记录，不仅感慨："咱们公司这可是弄得真够细的啊！"

尤大姐顺手就关掉了台账表："小公司嘛。能节约一点就节约一点，宁愿自己做账麻烦点，也不能囤大笔的货物在公司里卖不掉。"

这个我懂。钱宇凡讲过，只有流通的货币资金才是健康的资金链，想来放在流动资产上也是可以通用的。

这时，我突然有些好奇："尤姐，你说咱们公司一般商品的成本都是多少啊？"

我听说机械方面的出厂价一般都是成本的 1.5 倍以上，不知道我们公司定价的标准是怎样的。

尤大姐瞟了我一眼，说："我们公司的商品多，哪里有固定的成本价。计价公式倒是有，你看不看？"

看，当然看了。我忙不迭地点头。

于是尤大姐抽了张白纸，写了几个字递给了我："喏，就是这个。"

我一看，上面写的是：成本＝材料费＋加工费

我一头汗线，无语地说，"尤姐，你消遣我是吧?"

尤姐却难得地露出了一丝笑意："成本本来就是这么算的，怎么是消遣你呢?"

根据企业会计准则的相关规定，自制存货应以存货达到场所和状态所发生的全部支出入账。包括消耗的材料成本，自制工程中发生的加工成本及其他能直接认定为该存货价值的成本（如企业为特定客户设计产品而发生的专项设计费用，以及应计入存货成本的借款费用等）。

1. 消耗的材料成本

自制存货消耗的材料成本是指为制造存货直接消耗的原料及主要材料、辅助材料等，一般又称为直接材料。直接材料成本可采用先进先出法、移动加权平均法、月末一次加权平均法或个别计价法确定。

2. 发生的加工费用

自制存货发生的加工费用是指企业为加工生产某种产品或材料，在直接材料成本基础上追加的生产成本，主要包括有直接人工和制造费用两大部分。直接人工是指企业在生产产品、材料或提供劳务的过程中直接从事生产的工人的职工薪酬。制造费用是指由生产的若干种产品、材料或劳务共同承担，但在发生时难以划分具体承担对象的生产成本，属于为生产产品、材料或提供劳务发生的间接生产费用，主要包括企业生产部门发生的生产管理（如车间管理）费用，如生产管理人员的薪酬，生产部门的折旧费、办公费、水电费、机物料消耗、劳动保护费等。对于生产周期较长（一般是指超过一个完整的会计年度）的自制产品，准予资本化的借款费用也属制造费用。

我把纸揉了揉，丢进垃圾桶里，对尤大姐做了个大大的鬼脸。

坏蛋！你要是不这么一脸揶揄的笑的话，你说的话可信度还能高一点！

# 存货　我该怎么"算计"你？

于晶请假了一天，第二天便又来上班了。

她眼睛晶晶亮地问我："怎么样，和尤大姐相处得还好吧？"

我重重地点头。尤大姐确实是个不错的人，看起来严肃，但不经意间总会带出些小幽默，我还蛮喜欢她的呢。

于晶拍拍我的肩膀，一脸"咱们关系好才提醒你"的表情说："以后有什么问题就尽管去找尤大姐，她做业务很久了，和公司里好多人都熟。我也常常受她照顾呢。"

说到尤大姐，便顺便提到了"存货"科目。我问于晶："晶晶，你说存货是怎么入账的啊？"

于晶诧异地问："昨天尤姐没给你讲？"

"讲了，但是她只讲了入账，没说具体的存货该怎么计价。"

"什么意思？"

"就是咱们入库的存货，每一批的实际成本都是不一样的。那么咱们入账的时候，是该以哪种计价方式为准，来计算每一批的入账价格？"

"这个啊。"于晶笑了，拿出一本会计书问我，"看过没？"

她拿的是《基础会计》，我点点头："看过了。"

"知道存货的发出计价方法有哪几种吗？"

我说出答案（如图2-9），于晶点了点头，说："不错不错，比我当初强多了，专业课的书还有看。"

不等我谦虚两句，于晶又问我，"那各种计价方法适用的范围知道吗？"这些都属于基础知识，我应答自如（如图2-10）。

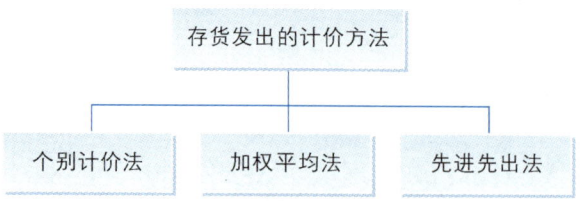

**图 2-9    存货发出计价方法**

1. 个别计价法

适用范围：适用于不能替代的存货或为特定项目专门购入或者制造的存货的计价以及品种数量不多，单价较高或体积较大，容易辨认的存货的价格。

计价方式：按照该存货所购进批次或生产批次入账时的实际成本进行确定。

2. 加权平均法

a. 月末一次加权平均法

适用范围：适用于存货收发比较频繁的企业。

计价方法：

存货单位成本＝[月初库存存货的实际成本＋$\sum$（本月各批进货的实际单位成本×本月各批进货的数量）]÷（月初库存存货数量＋本月各批进货数量之和）

本月发出存货成本＝本月发出存货的数量×存货单位成本

本月月末库存存货成本＝月末库存存货的数量×存货单位成本

或本月月末库存存货成本＝月初库存存货的实际成本＋本月收入存货的实际成本－本月发出存货的实际成本

b. 移动加权平均法

适用范围：适用于存货收发不频繁的企业。

计价方法：

存货单位成本＝（原有库存存货的实际成本＋本次进货的实际单位成本）÷（原有库存存货数量＋本次进货数量）

本月发出存货成本＝本月发出存货的数量×本次发货前存货的单位成本

本月月末库存存货成本＝月末库存存货的数量×本月月末存货单位成本

（续图）

3. 先进先出法

适用范围：适用于以先入库的存货先发出这一存货实物流转假设为前提的企业。

计价方法：先发出的存货按先入库的存货单位成本计价，后发出的存货按后入库的存货单位成本计价。

**图 2-10 存货计量方法适用范围**

于晶点点头，说："既然都知道就好。我先问问你，你觉得咱们公司用的是哪种计价方式？"

"个别计价法吧？"我有些迟疑，因为公司的存货虽然挺适合个别计价法的范围，但业务量有那么多，如果用个别计价法的话，工作强度也太大了。

果然于晶摇头了："哪有这个时间一个个去算啊，咱们公司用的是先进先出法。"

"但是不是说这种方法有弊病吗？"

先进先出法最大的弊病就是，在物价上涨期间，会高估当期的利润和存货的价值；在物价下跌期间，会低估当期利润和存货。

于晶笑了："哪种方法都是有弊病的，我们选择计价方法，主要就是要看合不合适。先进先出这个方法最大的优点是它符合咱们实物管理的特点，用它最合理。再说以前的会计也一直用的这种方法，既然没出问题，当然大家就沿用了嘛。"

我怀疑地问："其实大家一直都用的这种方法懒得改，才是用'先进先出法'的真相吧？"

于晶笑嘻嘻地揉我的头："自己知道就好了，说出来干嘛呀！"

我们笑闹了一会儿，于晶给我看了一张仓库提供的库存商品的原表，让我明白了先进先出法下存货计价的具体方式之后，就跟我说："其实这些都是小节啦，知道方法了就会算。对存货这方面，咱们做会计的最重要的还是对存货价值的评估，让它的价值更合理。"

"评估存货的价值？这该怎么做？"我问她。

于晶却不讲，反倒先问了我一个问题："你知道存货的成本与可变现净值之间孰低的计价原则吧？"

我点点头："知道啊。"

就是根据会计的谨慎性原则，要让存货的账面价值反映实际情况，成本和可变现净值哪个小就用哪个入账嘛。

于晶说："一般在年末，12月31日的资产负债表日，存货要按照成本与可变现净值孰低计量，如果成本高于可变现净值的话，就要计提存货跌价准备，计入当期损益的。这个时候，咱们就要确定存货的可变现净值，然后才能如实地作出资产负债表啊。"

这个……倒是有道理。但是，我问："老板会要求这么做吗？我觉得领导更喜欢资产负债表上好看一些嘛。"

于晶敲我的脑袋："咱们老板是很务实的。好看与否并不重要，关键是报表的价值是要用来做决策的，要好看干什么？当然是数据越真实越好啦！"

"我懂啦，我懂啦！"我连连躲闪。

但于晶还是狠狠地敲了几下，才开始继续讲解（如图2-11）。

| 可变现净值的确定 |  |
|---|---|
|  | 产成品、商品和用于出售的材料等直接用于出售的商品存货，其可变现净值为在正常生产经营过程中，该存货的估计售价减去估计的销售费用和相关税费后的金额。 |
|  | 需要经过加工的材料存货，用其生产的产成品的可变现净值高于成本的，该材料仍然应当按照成本计量；材料价格的下降表明产成品的可变现净值低于成本的，该材料应当按照可变现净值计量。其可变现净值为在正常生产经营过程中，以该材料所生产的产成品的估计售价减去至完工时估计将要发生的成本、销售费用和相关税费后的金额 |
|  | 为执行销售合同或者劳务合同而持有的存货，其可变现净值应当以合同价格为基础计算。 |
|  | 企业持有的同一项存货的数量多于销售合同或劳务合同订购数量的，应分别确定其可变现净值，并与其相对应的成本进行比较，分别确定存货跌价准备的计提或转回金额。超出合同部分的存货的可变现净值，应当以一般销售价格为基础计算。 |

图2-11　可变现净值的确定

"确定了可变现净值之后，与成本比较一下，就可以确定要不要计提存货跌价准备啦。"于晶说。

我问："怎么计提呢？"

于晶说："存货跌价准备确认的时候，借记资产减值损失，贷记存货跌价准备，金额等于成本与可变现净值的差额。结转的时候金额不变，借贷方反向就可以了（如图2-12）。"

存货跌价准备的计提

资产负债表里，存货的成本高于可变现净值，企业应当计提存货跌价准备。存货跌价准备通常应当按单个存货项目计提。但是，对于数量繁多、单价较低的存货，可以按照存货类别计提存货跌价准备。与在同一地区生产和销售的产品系列相关、具有相同或类似最终用途或目的，且难以与其他项目分开计量的存货，可以合并计提存货跌价准备。

存货跌价准备的确认和回转

企业应在每一资产负债表日，比较存货成本与可变现净值，计算出应计提的存货跌价准备，再与已提数进行比较，若应提数大于已提数，应予补提。企业计提的存货跌价准备，应计入当期损益（资产减值损失）。

当以前减记存货价值的影响因素已经消失，减记的金额应当予以恢复，并在原已计提的存货跌价准备金额内转回，转回的金额计入当期损益（资产减值损失）。

存货跌价准备的结转

企业计提了存货跌价准备，如果其中有部分存货已经销售，则企业在结转销售成本时，应同时结转对其已计提的存货跌价准备。

对于因债务重组、非货币性交易转出的存货，应同时结转已计提的存货跌价准备，但不冲减当期的管理费用，按债务重组和非货币性交易的原则进行会计处理。

**图2-12　存货跌价准备的计提与结转**

我点点头，用生动的表情向她表示：于晶老师讲得真好，我又长知识了！

# 坏账计提的"黑幕"

我这种揶揄于晶的行为当然遭到了她"无情"的报复，被她狠狠"蹂躏"一通之后，她才允许了我的告饶，进入下一个议题里。

"坏账该怎么计提?"

面对我提的这个问题，于晶的的第一反应是："你知道什么是坏账准备吗?"

坏账准备是指企业的应收款项（含应收账款、其他应收款等）计提的，是备抵账户。企业对坏账损失的核算，采用备抵法。

"我当然知道了，给应收款项计提的备抵账户嘛。"我不满她对我的小觑。

于晶却笑嘻嘻地抛出了第二个问题："那你知道什么叫备抵吗?备抵法是什么你知道吗?"

这个……我还真没什么概念。

于晶冲我挤挤眼，然后翻开了会计书。

备抵法是期末在检查应收款项收回的可能性的前提下，预计可能发生的坏账损失，并计提坏账准备，当某一应收款项全部或部分被确认为坏账时，将其金额冲减坏账准备并相应转销应收款项的方法。

"这有什么特殊的地方吗?"我问她。

"当然了。"于晶说，"这说明'坏账准备'并非一个和实际业务相关的科目，它的存在只是为了一种预期的可能。就是说，这笔应收款项可能会变成坏账，所以要对它计提一笔准备金。如果它真的变成坏账了，就把这笔准备金转销掉。就这么回事儿。"

我提取到了一个关键词："准备金?"

于晶点点头："对，变成坏账的准备金。"

"这笔钱是不存在的是吧?"我问。

于晶笑了："对啊。这笔钱实际上不存在，只是在会计上存在。"

我有点懂了："就是说，这笔钱实际上来说是那笔应收款的一部分，但在会计上却被切割成了'坏账准备'这个科目，是吗?"

"对。"

于晶开始在纸上写分录。

1. 企业在提取坏账准备时：

借：资产减值损失——计提坏账准备

　贷：坏账准备

（1）如本期应计提的坏账准备金额大于坏账准备账面余额的，应当按其差额计提，借记"资产减值损失——计提坏账准备"账户；贷记"坏账准备"账户。

（2）如应提取的坏账准备金额小于"坏账准备"账面余额，应按其差额作相反会计分录，借记"坏账准备"账户；贷记"资产减值损失——计提坏账准备"账户。

2. 对于确实无法收回的应收款项，按管理权限报经批准后作为坏账处理，转销应收款项

借：坏账准备

　贷：应收票据/应收账款/预付账款/其他应收款/长期应收款

3. 已确认坏账损失并转销的应收款项，以后又全部或部分收回时，按实际收回的金额

借：应收账款/应收票据/预付账款/其他应收款/长期应收款

　贷：坏账准备

同时，

借：银行存款

　贷：应收账款/应收票据/预付账款/其他应收款/长期应收款

写完，于晶说："弄懂备抵法是什么之后，分录背下来就可以了。需要注意的，是以什么方式计提'坏账准备'。"

计提坏账准备的方法由企业自行确定。

企业应当列出目录，具体注明计提坏账准备的范围、提取方法、账龄的划分和提取比例，按照管理权限，经股东大会或董事会，或经理（厂长）会议或类似机构批准，并且按照法律、行政法规的规定报有关各方备案，并备置于公司所在地，以供投资者查阅。坏账准备提取方法一经确定，不得随意变更。如需变更，仍然应按上述程序，经批准后报送有关各方备案，并在会计报表附注中

予以说明。

我问："计提是什么规则呢？"

于晶翻出书给我看："官方是这么说的。"

企业在确定坏账准备的计提比例时，应当根据企业以往的经验、债务单位的实际财务状况和现金流量的情况，以及其他相关信息合理地估计。除有确凿证据表明该项应收款项不能收回，或收回的可能性不大外（如债务单位撤销、破产、资不抵债、现金流量严重不足、发生严重的自然灾害等导致停产而在短时间内无法偿付债务等，以及应收款项逾期3年以上），下列各种情况一般不能全额计提坏账准备：

（1）当年发生的应收款项。

（2）计划对应收款项进行重组。

（3）与关联方发生的应收款项。

（4）其他已逾期，但无确凿证据证明不能收回的应收款项。

企业持有的未到期应收票据，如有确凿证据证明不能收回或收回的可能性不大时，应将其账面余额转入应收账款，并计提相应的坏账准备。

企业的预付账款如有确凿证据表明其不符合预付账款性质，或者因供货单位破产、撤销等原因已无望再收到所购货物的，应将原计入预付账款的金额转入其他应收款，并计提相应的坏账准备。

企业对于不能收回的应收款项应当查明原因，追究责任。对有确凿证据表明确实无法收回的应收款项，如债务单位已撤销、破产、资不抵债、现金流量严重不足等，根据企业的管理权限，经股东大会或董事会，或经理（厂长）办公会或类似机构批准作为坏账损失，冲销提取的坏账准备。

"那实际上呢？"

"计提的坏账准备要计入损益的，通过计提坏账准备的金额可以调整当期的损益啊。另外还有以前已经确认了坏账的应收款项，如果现在又收回了，但老板却想把这钱挪作它用。还有用这个账户来掩盖公款贪污的……这个科目上可以做的文章太多了。"于晶说。

这么一个不起眼的科目，竟然有这样的黑幕？

我震惊了："这么恐怖？你也……这么干？"

于晶被我逗笑了："你想什么呢。咱们财务人员就好比是公司经营发展过程中的记录员，数据越真实，越是对老板负责。粉饰报表、肆意篡改数据，不仅对公司没有一点好处，而且也是触犯法律的行为！"

"嗯，明白了。"

于晶又说："一般来说，计提坏账准备的金额都是按'应收账款百分比法'来计提的。农业企业、施工企业、房地产开发企业1%，对外经济合作企业2%，其他企业0.3%～0.5%，外商投资企业3%。咱们企业用的是0.5%，就是用5‰乘以应收账款的金额，得到'坏账准备'入账的金额。然后按照会计分录入账就可以了。"

"就这么简单？"我反而有点不敢置信了。

"就这么简单啊。唯一要注意的就是，你计提的时候金额一定要注意，入账的不是你算出来的坏账准备金额，而是它与'坏账准备'科目的账面金额的差额。也就是说，等你做完这笔分录之后，当期的'坏账准备'科目的账面金额是等于你算出来的坏账准备金额的。"

我点了点头："嗯，我记住了。"

# 美宇幸福公司的第一笔资产

因为于晶，我学到了不少的知识。我在家里回忆默写着她讲给我听的那些东西，却被一旁钱宇凡噼里啪啦敲键盘的声音吸引了注意。

"宇凡，你在干嘛？"

钱宇凡扬了扬眉："炒股啊。"

炒股？这可是件高端大气上档次的事。常常听说谁谁炒股赚了多少万，一下成了大富翁，但因为刚刚步入社会尚无积蓄，我却还从未接触过它。

我凑到钱宇凡旁边："股是怎么炒的呀？"

钱宇凡让我看他的电脑界面："办好账户，下好软件，选一只合适的股票买进，到适合的时候再卖出。就这样了。"

我很惊讶："这么简单？"

钱宇凡揉我的脑袋："你觉得有多难？"

"这个……"我还真不知道，"只是想也觉得不能这么容易吧？"

钱宇凡笑了："确实没那么简单，炒股的风险很大，一着不慎便会满盘皆输，所以学艺不精的话不要随意入行。不过它的实际操作步骤，我可没有骗你哟。"

说完，钱宇凡便提出了一个问题："你无聊了吧？要不要来继续咱们美宇幸福公司的业务啊？"

说到这个，我顿时来兴趣了："好啊好啊，咱们怎么做？"

钱宇凡指向了他的电脑："喏，就是这些股票，现在这是咱们公司的资产了！"

"这该做什么分录？"我问他。

"入股的分录。"

美宇幸福公司收到股东钱宇凡的资本，价值 10 000 元的股票，会计分录为：

借：交易性金融资产　　　　　　　　　　　　　　10 000
　　贷：实收资本　　　　　　　　　　　　　　　　　10 000

"哦。那然后呢？再做什么？"

"再就咱们来学一下交易性金融资产的入账。"钱宇凡挑眉问我，"股票如果短期持有就是交易性金融资产，你知道吧？"

交易性金融资产是指企业为了近期内出售而持有的债券投资、股票投资和基金投资。如以赚取差价为目的从二级市场购买的股票、债券、基金等。

我囧：钱宇凡你是故意糗我吧！你猜我是不知道呢，还是不知道呢？

我抓住他话里的漏洞反驳："你怎么知道这些股票不会长期持有呢？假如这些股票长期持有的话，你的分录就错了吧！"

钱宇凡点头："你说的没错。如果股票长期持有的话，这里就应该借记可供出售金融资产。不过股票炒短线和炒长线是不一样的，我想我对这些股票是否是短期持有还是有信心的（如图2-13）。"

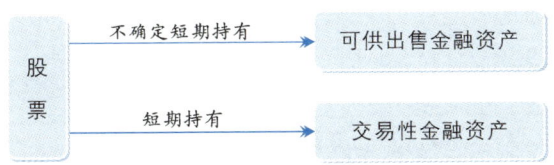

**图 2-13 股票计量的分类核算**

一旦将资产划分为交易性金融资产或可供出售金融资产，会计上是不允许以后再互相转化的，比如把股票入账时计入可供出售金融资产，过一阵之后你的目的明确是短期持有交易的，也不能转出再计入交易性金融资产了。

既然人家服软了，我当然也就顺着他说话了。我乐滋滋地问他："那现在咱们公司有交易性金融资产了，接下来做什么？"

钱宇凡举起一根手指："别忙，咱们先学学哪些是交易性金融资产。"

满足以下条件之一的金融资产应当划分为交易性金融资产：

1. 取得金融资产的目的主要是为了近期内出售或回购或赎回。

2. 属于进行集中管理的可辨认金融工具组合的一部分，具有客观证据表明企业近期采用短期获利方式对该组合进行管理。

3. 属于金融衍生工具。但被企业指定为有效套期工具的衍生工具属于财务担保合同的衍生工具、与在活跃市场中没有报价且其公允价值不能可靠计量的权益工具投资挂钩并须通过交付该权益工具结算的衍生工具除外。

我震惊了："原来不只股票一种啊！"

钱宇凡乐了："你见过哪个科目是只指代一种东西的？"

我不服："谁说没有。库存现金不就是嘛！"

钱宇凡楞了一下，赞道："丫头你反应倒挺快。没错没错，库存现金确实只指现金这一种东西。"

钱宇凡的称赞实在不常见，我顿时脸上笑开了花。

可惜没让我乐几分钟，钱宇凡就已经进入了下一个课程："假如现在咱们公司又买进了 10 000 元的短期持有的股票，为了买入这些股票，咱们花了 100 元的手续费。你知道这笔业务的会计分录该怎么做吗？"

我猜道："是不是借记交易性金融资产 10 000 元，管理费用 100 元，贷记银行存款 10 100 元？"

钱宇凡摇头："你怎么会想到管理费用？"

不是因为这笔钱是为了获得一项资产嘛。我腹谤。

而钱宇凡已经公布了正确答案。

美宇幸福公司买入 10 000 元短期持有的股票，手续费 100 元，会计分录为：

| | |
|---|---|
| 借：交易性金融资产——成本 | 10 000 |
| 　　投资收益 | 100 |
| 贷：银行存款 | 10 100 |

紧接着，钱宇凡又抛出了第二个问题："如果那 10 000 元中包含了 200 元的已宣告但尚未发放的现金股利，你觉得这笔业务的会计分录应该是怎样的？"

现金股利……应该要计入应收股利吧？我试探着问："那 200 元借记到应收股利里？"

钱宇凡点头："对，没错。"

美宇幸福公司买入 10 000 元短期持有的股票，其中包含 200 元已宣告尚未发放的现金股利，手续费 100 元，会计分录为：

| 借：交易性金融资产——成本 | 9 800 |
| 　　应收股利 | 200 |
| 　　投资收益 | 100 |
| 　贷：银行存款 | 10 100 |

"好了，我们接着第一个问题。假如我们买入的那 10 000 元股票是不包含现金股利的，现在对方公司宣告要发放现金股利了，金额为 200 元，你觉得会计分录该怎么做？"钱宇凡问我。

这个……"借肯定是借记的'应收股利'科目，贷呢？贷记交易性金融资产？"我不太确定。

"错了，贷入投资收益。"钱宇凡说。

美宇幸福公司买入的 10 000 元股票，对方公司宣告要发放 200 元的现金股利。会计分录为：

| 借：应收股利 | 200 |
| 　贷：投资收益 | 200 |

钱宇凡解释说："这笔钱是咱们做的投资所得到的收益，所以贷方应该是'投资收益'科目。"

"那如果是第二种情况的，我们购入的股票里包含了 200 元已宣告未发放的现金股利，现在发放了呢？那该怎么入账？"我问他。

钱宇凡反问我："你觉得呢？"

"借银行存款，贷应收股利吧？"

钱宇凡点头肯定："没错，就是这么入账的。"

美宇幸福公司买入了 10 000 元短期持有的股票，其中包含 200 元已宣告尚未发放的现金股利，现在对方公司正式发放了现金股利，会计分录为：

| 借：银行存款 | 200 |
| 　贷：应收股利 | 200 |

"紧接着就是资产负债表日了，这个时候，股票的价格肯定和咱们入账的时候不一样了。假设现在的股票价格是 15 000 元，这时咱们就应该做一个会计分录。"钱宇凡说。

　　资产负债表日，美宇幸福公司持有的账面价值为 10 000 元的股票，现在公允价值为 15 000 元，会计分录为：

借：交易性金融资产——公允价值变动　　　　　　5 000
　贷：公允价值变动损益　　　　　　　　　　　　　　5 000

　　"那如果咱们的股票价格跌了呢？"我问。

　　钱宇凡说："那就做一个相反的分录。"

　　资产负债表日，美宇幸福公司持有的账面价值为 10 000 元的股票，现在公允价值为 5 000 元，会计分录为：

借：公允价值变动损益　　　　　　　　　　　　　5 000
　贷：交易性金融资产——公允价值变动　　　　　　5 000

　　我说："这个时候咱们就应该把这只股票卖了吧？都跌这么狠了。"

　　"好吧，那就卖了。那你说，现在应该做笔什么样的分录呢？"钱宇凡问。

　　"坏家伙，钱宇凡你有完没完！老是问我会计分录，我不知道啦！我要知道还问你干什么！讨厌！"我对着钱宇凡瞪眼。

　　见我真的生气了，钱宇凡服软了："好了好了乖乖，这是最后一个分录了。我教你怎么写，写完咱们出去逛街啊。"

　　美宇幸福公司以 6 000 元的价格卖出股票，会计分录为：

借：银行存款　　　　　　　　　　　　　　　　6 000
　　交易性金融资产——公允价值变动　　　　　　5 000
　贷：交易性金融资产——成本　　　　　　　　　10 000
　　　投资收益　　　　　　　　　　　　　　　　1 000
借：投资收益　　　　　　　　　　　　　　　　5 000
　贷：公允价值变动损益　　　　　　　　　　　　5 000

　　写完这笔分录，钱宇凡给我收拾了笔记，向闷在一旁生气的我伸手："好啦别气了，走吧，咱们出去逛街。"

　　我又瞪了他好几眼，让他许下若干不平等条约，才大度地牵住了他的手："以后不许再对我臭显摆！"

钱宇凡忙不迭答应了。我不想善罢甘休，向他伸出三个手指头："重要的事情说三遍！"

宇凡一脸坏笑，说：

"以后不再对，你臭——显摆。

以后不再对，你臭——显摆。

以后不再对，你臭——显摆。"

宇凡耍小聪明，话中故意停顿，把"你臭"连在一起。我抓住宇凡的胳膊，在他细皮嫩肉上用力一掐，宇凡顿时向我求饶了。

而我则在心里乐开了花。哼，臭男人！不给你好脸就把你降住了吧！

# 第三章

## 逆袭！自卫反击开始

通过本章，小美掌握了如下技能

# 纸上谈兵开公司

这天，我工作的时候钱宇凡突然给我打了个电话。电话里，他的语气非常兴奋："小美，我摇着号了！"

"什么号？"我莫名其妙。

"当然是汽车牌照号啊！"宇凡曾跟我提过摇号买车的事，只不过在无数次的失望中，我也就淡忘了。以往宇凡开的是公司的车，毕竟不如自家的车用起来方便。因为摇号的中签率很低，宇凡一直没办法买。没想到这个月他的运气非同寻常的好！

晚上，钱宇凡已经美得手舞足蹈，还兴致勃勃去橱柜取出红酒和两个高脚杯。他要让我和他一起喝酒庆祝。

宇凡像孩子般得意地向我炫耀："怎么样，我厉害吧！这就叫鸿运当头哦。"

我也特别的开心，连连点头："厉害！亲爱的你真是太厉害了！"

钱宇凡傻笑了两声，抱住我，靠在我耳边说："丫头，我把车分你一半。我们家马上就要有第一个固定资产了呢。"

我们家的第一个固定资产，我们家的……我的心一下子就柔软了起来。没过几天，钱宇凡把一张财产公证证明给了我。

在交管局的系统内车辆要有地址，而且是唯一的；行驶本上要有车主姓名，也是交管局做的，也是唯一的。想要认定产权是我们俩共有的，便只能做一份财产公证。

我以为钱宇凡所说的分我一半，只是认知层面的，只是分给了我使用车的权利而已，却没想到他会真的去做这样一份财产公证。

第二天我起了个大早，出了一趟门。回来之后我给了钱宇凡一份保单，给车做的保单。

钱宇凡很诧异："你这是?"

我冲他扮了个鬼脸："既然你给了我车的股份，我也要做点贡献嘛。我只有这八千块，买不起四个车轮，但是办一份保单还是可以的。"

钱宇凡笑了，点点我的鼻子："鬼灵精。"

逛车市、选车型、办手续、付款等一系列程序顺利完成。宇凡带着我去市郊的一处深林公园兜风。一路上彼此都很兴奋，宇凡打开 CD，哼唱歌曲。我们逐渐远离城市的喧嚣，车外的景色怡人，远处的小山郁郁葱葱，逶迤秀丽。透过窗外，天空格外纯净，像儿时的梦想那般清澈。

就在我沉浸在美景之时，神经质的宇凡突然关掉了 CD，把车停在乡间小路旁，和我谈起了美宇幸福公司的事情：

"既然咱们都有了像模像样的固定资产了，咱们公司也该正式营业了。"

我很诧异："营业? 咱们之前不就开始做账了吗?"

钱宇凡摇摇头："咱们连初始入账都没有，怎么叫正式成立了公司呢?"

之前钱宇凡已经用他的股票入过一次股，当时是这么入账的。

美宇幸福公司收到股东钱宇凡的资本，价值 10 000 元的股票，会计分录为：

| | |
|---|---|
| 借：交易性金融资产 | 10 000 |
|   贷：实收资本——钱宇凡 | 10 000 |

现在公司的第二部分资产要入账了。

美宇幸福公司收到股东钱宇凡和王美丽的资本，××车一台，价值 158 000 元。其中钱宇凡投入 150 000 元，王美丽投入 8 000元。会计分录为：

借：固定资产——小轿车　　　　　　　　　　　158 000

　　贷：实收资本——钱宇凡　　　　　　　　　150 000

　　　　实收资本——王美丽　　　　　　　　　　8 000

我跟宇凡说完入账分录后，得意洋洋地说："还有什么要做的吗？我的钱总。"

"嗯……然后就要做一份资产负债表了。"

"啊，就这么两项资产，还要做资产负债表啊。"我觉得麻烦。

钱宇凡说："当然了。如果现在我们的公司已经设立好了的话，就要开始准备向税局纳税了。不光是资产负债表，还要填利润表呢。只不过咱们现在还没有利润，所以利润表所有选项都是零，不用填而已。"

"好吧好吧，那资产负债表（表3-1）要怎么填啊？"我问。

表 3-1　　　　　　　　　　　　　资 产 负 债 表

| 资　　产 | 行次 | 年初数 | 期末数 | 负债和所有者权益 | 行次 | 年初数 | 期末数 |
|---|---|---|---|---|---|---|---|
| 流动资产： | | | | 流动负债： | | | |
| 　库存现金 | 1 | 0 | 0 | 　短期借款 | 12 | 0 | 0 |
| 　银行存款 | 2 | 0 | 0 | 　应付账款 | 13 | 0 | 0 |
| 　应收票据 | 3 | 0 | 0 | 　其他应付款 | 14 | 0 | 0 |
| 　应收股利 | 4 | 0 | 0 | 　应交税费 | 15 | 0 | 0 |
| 　应收账款 | 5 | 0 | 0 | 　应付职工薪酬 | 16 | 0 | 0 |
| 　其他应收款 | 6 | 0 | 0 | 　长期借款 | 17 | 0 | 0 |
| 　预付账款 | 7 | 0 | 0 | | | | |
| 　存货 | 8 | 0 | 0 | | | | |
| 流动资产合计 | | 0 | 0 | 负债合计 | | 0 | 0 |
| 非流动资产： | | | | 所有者权益： | | | |
| 　长期股权投资 | 9 | 0 | 0 | 　实收资本 | 18 | 0 | 168 000 |
| 　交易性金融资产 | 10 | 0 | 10 000 | 　资本公积 | 19 | 0 | 0 |
| 　固定资产 | 11 | 0 | 158 000 | 　盈余公积 | 20 | 0 | 0 |
| | | | | 　未分配利润 | 21 | 0 | 0 |
| 非流动资产合计 | | 0 | 168 000 | 所有者权益合计 | | 0 | 168 000 |
| 资产总计 | | 0 | 168 000 | 负债和所有者权益总计 | | 0 | 168 000 |

钱宇凡说:"按照实际情况填呀。"

填完资产负债表,我拿给钱宇凡看:"怎么样,没填错吧?"

钱宇凡点点头:"对,没错。可以直接交给税务局了。"

我被钱宇凡的煞有介事带入了气氛,问他:"去税务局的话还要带什么东西呢?"

钱宇凡说:"要有税务局登记证,工商营业执照,还有税务IC卡。"

"这些是什么时候办的?"我问。

钱宇凡说:"公司注册的时候啊。"

美宇幸福公司是我和宇凡口头注册的公司,如果真要注册公司的话,是需要有一个流程的。随后宇凡又跟我讲起公司注册的过程(如图3-1)。

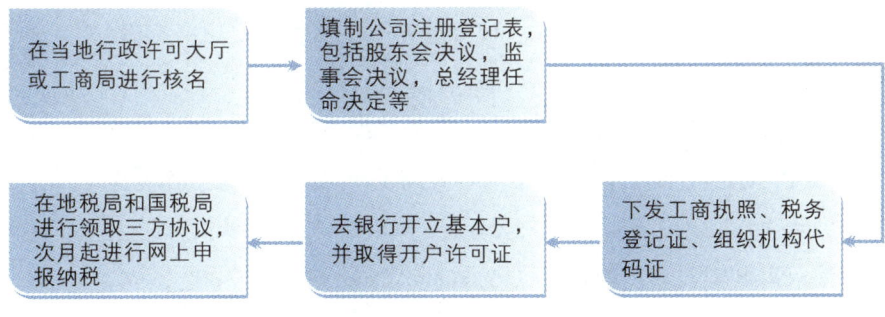

**图3-1 公司开立流程**

我一下就想到了这些程序的起点:"不是说公司注册得有10万元的注册资金吗?"

"现在政策变了,有限责任公司注册的时候没有限额。"钱宇凡说。

我拿出白纸,画出营业执照、国税税务登记证、地税税务登记证和税务IC卡,说:"好了,那咱们的美宇幸福公司现在就算正式成立了!"虽然我们没有真正的执照,但是纸上谈兵也要做得真实。

宇凡又打断我,说:"小傻瓜,你out啦。2015年开始全国很多地方开始进行三证合一的改革,也就是说工商营业执照、税务登记、组织机构代码证合为一张证啦！"

我向宇凡撅了下嘴，点了点头。

钱宇继续说："对，以咱们俩的幸福为宗旨的公司，在今天就成立了！"说完，钱宇突然又想起了一个问题，"对了，咱们公司还没有流动资金呢。这是作为法人代表的失误，所以就罚我把缺少的流动资金给补上吧。"

钱宇凡追加 100 元现金入美宇幸福公司，会计分录为：

借：银行存款　　　　　　　　　　　　　　　100

　贷：实收资本——钱宇凡　　　　　　　　　100

我拿宇凡寻开心，说："咱们美宇幸福公司也太小微了，可以算得是毫微级别的公司喽！"宇凡拍了我下头，自嘲说："咱们力争充分享受政府给予小型微利企业 20％的企业所得税优惠哦！"

我美滋滋地写完这笔分录，然后在资产负债表上"银行存款"和"实收资本"的期末数各加上 168 100 元。现在，我们的"资产合计"与"负债和所有者权益合计"都是 168 100 元了。

做完这些，我终于松了口气，对宇凡说："本月账务工作完成了，我们可以轻松去拥抱大自然喽。"

宇凡麻利地发动了车，给足马力，向幸福出发！

 **资产入账的种种细节**

自从做了美宇幸福公司的初始入账之后，我对给公司做账突然有了莫大的热情。不管是多小的鸡毛蒜皮，我都想把它入账，付款凭证见图 3-2。

这天，为了锻炼身体，我买了一辆自行车，然后就拿出账本来记账了。

美宇幸福公司划银行卡购入自行车一辆，价格 1 800 元。会计分录为：

借：固定资产——自行车　　　　　　　　　　　　　　1 800

　　贷：银行存款　　　　　　　　　　　　　　　　　　1 800

## 付 款 凭 证

201 ×年××月××日　　　　　　　　　　　　第＿×＿号

贷方科目：银行存款　　　　　　　　　　　　　　　　附件 1 页

| 摘　要 | 借　方　科　目 | | 金　额 | | | | | | | | | | 账页或√ |
|---|---|---|---|---|---|---|---|---|---|---|---|---|---|
| | 一级科目 | 二级科目 | 千 | 百 | 十 | 万 | 千 | 百 | 十 | 元 | 角 | 分 | |
| 美宇幸福公司购入自行车一部 | 固定资产 | 自行车 | | | | | 1 | 8 | 0 | 0 | 0 | 0 | √ |
| | | | | | | | | | | | | | |
| | | | | | | | | | | | | | |
| | | | | | | | | | | | | | |
| | | | | | | | | | | | | | |
| | | | | | | | | | | | | | |
| 合　计 | | | | | | ¥ | 1 | 8 | 0 | 0 | 0 | 0 | |

会计主管：　　　记账：　　　出纳：　　　复核：　　　制单：

图 3-2　付款凭证

这里固定资产的金额，是固定资产的原始价值。原始价值也称历史成本、原始成本，它是指企业为取得某项固定资产所支付的全部价款以及使固定资产达到预期工作状态前所发生的一切合理、必要的支出。

钱宇凡在一旁看，还跟着点头："不错呀，都知道自行车是固定资产了呢。"

我瞥了他宇凡一眼："不想好好玩耍了是吧！"小样儿，当我这么多天努力工作、认真做笔记都白费了吗？

固定资产是指企业为生产产品、提供劳务、出租或者经营管理而持有的、使用时间超过 12 个月的，价值达到一定标准的非货币性资产，包括房屋、建筑物、机器、机械、运输工具以及其他与生产经营活动有关的设备、器具、工具等。

"看你不禁夸吧。你以为入账入对了?"钱宇凡也蔑视地看了我一眼。

我疑惑："怎么，哪里错了?"

钱宇凡说："你把自行车弄回来，有运费吧?"

我点点头："是啊。"

"那你为什么不把这笔运费入账呢?"钱宇凡问我。

"运费入什么科目啊?"我诧异。

钱宇凡反问："你觉得该入什么科目啊?"

"难不成……是固定资产?"我更诧异了。

钱宇凡欣然点头："孺子可教也。"

固定资产的成本是指企业购建某项固定资产达到预定可使用状态前所发生的一切合理、必要的支出，具体分类如图 3-3 所示。

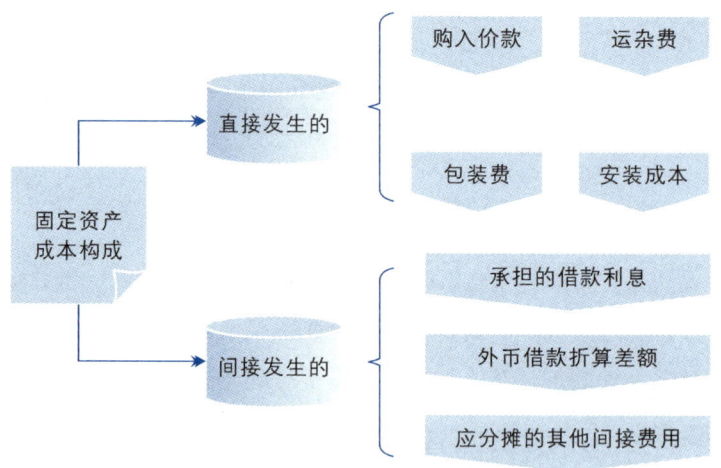

**图 3-3　固定资产成本构成**

我顿时被打击到了："怎么这个也要入固定资产啊。"

"固定资产是为了生产产品，提供劳务而持有的资产对吧?"钱宇凡问。

我凭借自己的理解点头说是。

钱宇凡又问："那为了能够生产出产品而发生的合理支出，你觉得该不该入固定资产？"

这么一讲，好像也对哦。

那就该再加上现金支付的运费 200 元，也就是固定资产为 2 000 元。

美宇幸福公司划银行卡购入自行车一辆，价格 1 800 元。并向厂家支付 200 元运费。会计分录为：

| | |
|---|---|
| 借：固定资产——自行车 | 2 000 |
| 贷：银行存款 | 2 000 |

改过分录我问钱宇凡："接下来该做什么？"

钱宇凡拍我的脑袋："不错不错，训练出来了啊，都知道问后续处理了呢。"

我果断地反手也爱抚他的头了："小伙伴，你果然是不想好好玩耍了啊！"然后，就一脚把他踢下了沙发。哼，就是欠收拾！

固定资产的后续处理问题，因此被果断地推迟到了一个月之后。

当时我骑车摔了一跤，幸好我机灵，用脚垫了一下地面仅仅挫伤了皮。可惜我的自行车掉了一个车把手。令我心疼不已。

钱宇凡看了我的自行车的惨状，挖苦我说："小美，你这运动得真是太带劲儿了。"

我拿着车把手搓他痒痒肉："钱宇凡你真坏！不安慰我也就算了，还敢说风凉话！"

钱宇凡连连躲闪，抓住我的手说："行了！我投降。咱们是新时代会计，多做题，少家暴啊！"

我瞪他："做什么题？"

钱宇凡说："做固定资产折旧的题呐。你看你都把可怜的自行车弄脱把了，总该做笔折旧了吧？而且上个月购入的自行车，这个月需要计提折旧了。因为当月购入的固定资产当月不进行折旧，而是从次月起开始计提。"

固定资产的折旧是指在固定资产的使用寿命内，按确定的方法对应计折旧额进行的系统分摊。

我一想，这也有道理啊，就问："折旧该怎么做呢？"

宇凡跟我讲了固定资产的折旧方法（如图3-4）。

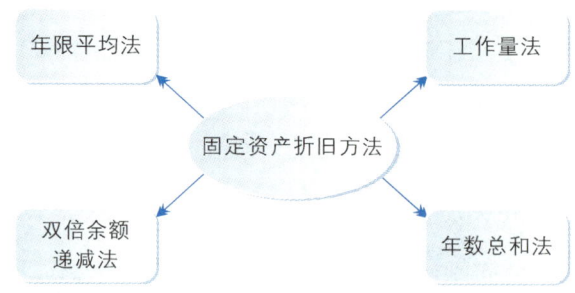

**图3-4　固定资产折旧方法**

"选一个合适的固定资产折旧方法，按照固定资产的使用年限计算每一期的折旧额，然后入账。会计分录是借记'管理费用——折旧费'科目，贷记'累计折旧'科目。"钱宇凡说。

我又问："那这台自行车的折旧该怎么做？"

"那就得看确定的折旧方法是哪种了。"钱宇凡取出纸笔开始书写，"一般来说，税务局没有规定的话，折旧方法都是公司自行确定的。而用得最多的，就是直线法。"

直线法又称年限平均法，是指将固定资产的应计折旧额均衡地分摊到固定资产预计使用寿命内的一种方法。采用这种方法计算的每期折旧额均相等，计算公式如下：

年折旧率＝（1－预计净残值率）÷预计使用寿命（年）×100%

月折旧率＝年折旧率÷12

月折旧额＝固定资产原价×月折旧率

这下就有疑问了，我问："预计净残值率是什么？"

钱宇凡回答我："就是用等你把自行车骑成废铁了，这些废铁被回收的价格，除以最初买这辆自行车的价格，这个比率就是预计净残值率。"

把自行车骑成废铁……钱宇凡你用这么调侃的语气是想暗示我什么!

我摩拳擦掌,继续问他:"那预计使用寿命呢?该怎么预计?"

"一般是三年,没有特殊情况的话,先以三年计算。"钱宇凡这会儿又换成一本正经的语气了。

那么,这笔折旧该怎么计提呢?

美宇幸福公司,第一次计提自行车的折旧。残值率5%,预计使用年限3年。会计分录为:

$$月折旧率 =(1-5\%)\div 36\times100\% = 26.39\%$$
$$月折旧额 = 2\,000\times26.39\% = 52.78(元)$$

借:管理费用——折旧费　　　　　　　　　　　　52.78
　　贷:累计折旧　　　　　　　　　　　　　　　52.78

因为该业务不涉及银行存款和库存现金,因此该笔凭证需要填制转账凭证(图3-5)。

## 转 账 凭 证

201×年××月××日　　　　　　　　　　　　　　转字第×号

| 摘　要 | 借方科目 | 贷方科目 | 过账 | 借方金额 千 | 百 | 十 | 万 | 千 | 百 | 十 | 元 | 角 | 分 | 过账 | 贷方金额 千 | 百 | 十 | 万 | 千 | 百 | 十 | 元 | 角 | 分 |
|---|---|---|---|---|---|---|---|---|---|---|---|---|---|---|---|---|---|---|---|---|---|---|---|---|
| 计提固定资产折旧 | 管理费用——累计折旧 | | | | | | | | | 5 | 2 | 7 | 8 | | | | | | | | | | | |
| 计提固定资产折旧 | | 累计折旧 | | | | | | | | | | | | | | | | | | | 5 | 2 | 7 | 8 |
| | | | | | | | | | | | | | | | | | | | | | | | | |
| 合　　计 | | | | | | | | | ¥ | 5 | 2 | 7 | 8 | | | | | | | ¥ | 5 | 2 | 7 | 8 |

会计主管:　　　　记账:　　　　　　复核:　　　　　　制单:

图3-5　转账凭证

"宇凡,既然是按月来计提的,那咱们每个月都要计提一次折旧吧?"我问。

钱宇凡点头："没错，丫头都会抢答了！"

我冲他笑："那咱们的车也得做折旧吧？"

钱宇凡点点头："对，和自行车一样的计提方法。"

"那计提了最后一期之后，如果固定资产还在使用呢？"我问。

钱宇凡说："不用单独做分录，把固定资产的账面价值结转了就可以了。"

"哦，这样啊。"我把玩着车把手，开始不怀好意地瞄他。好了，我想知道的都知道了。可以算——账——了！

"说风凉话是吧！把车骑成废铁是吧！会抢答了是吧！……"我拿车把手敲钱宇凡的臭狗头。

钱宇凡抱头鼠窜："丫头饶命！嗷嗷，是我把车骑车废铁了总成了吧！"

哼，大坏蛋，早干嘛去了！果然就是越来越欠收拾了！

打闹归打闹，但是过后，我还是认真地在笔记本上记了一笔固定资产报废时候的分录。

固定资产最终报废时的会计分录：

借：固定资产清理

　　累计折旧

　　贷：固定资产

## 做地主的感觉真好

那天敲了钱宇凡的头之后，钱宇凡就突然神神秘秘了起来。不仅经常带些莫名其妙的资料回来不许我看，还躲着我出去了几趟。

我觉得应该是出什么事儿了。

于晶还在这会儿动摇我的军心："你家钱宇凡不会是有外遇

了吧?"

"不能吧……"我说,"钱宇凡不是这样的人。"

于晶却不放过:"知人知面不知心,父母亲人都未必知道自己家里的人到底什么样,他要是做了对不起你的事儿,就你那缺心眼儿的样儿你也发现不了吧。"

我觉得跟于晶说不通了。其实我根本就不怀疑钱宇凡有外遇,只是觉得他可能在背着我做什么事儿而已。算了,我直接去问他吧。

于晶还想劝我让我别打草惊蛇,我谢过了她的好意,但我已经决定了要相信钱宇凡的为人。我想,两个相爱的人,这样的信任是应该的。

我问了钱宇凡,却没想到他会给我那么大一个惊喜。

"上次你不是说这个房子里潮气重嘛,所以我想我攒的钱也足够一个首付了,就去看看房子。本来想等有眉目了,带你去看房子的时候再跟你说的。没想到你竟然会注意到,看你平时大大咧咧的。"他揉了我脑袋一下,表情还挺不好意思的。

"还说呢,你不出声还以为是对我抗议呢。"我心里喜滋滋的,不忘冲他皱了皱鼻子,"我可是眼里揉不得沙子,你可不要做鬼鬼祟祟的事情,小心让我发现饶不了你哦!"

解开了疑惑,我顿时精神了:"哎,宇凡,买房该做什么会计处理啊?"

钱宇凡说:"这得看买的房是做什么用途的。"

"买了自己用的呢?"我问。

钱宇凡说:"那就入'固定资产'。"

我又问:"那像我们房东一样,买了用来出租的呢?"

"那就要入'投资性房地产'了。"钱宇凡说,"这属于投资性房地产的范围。"

投资性房地产是指为赚取租金或资本增值,或两者兼有而持有的房地产。投资性房地产应当能够单独计量和出售。投资性房地产主要包括:已出租的土地使用权、持有并准备增值后转让的土地使用权和已出租的建筑物。

我顿时来了兴趣。想想我王美丽,从一介小出纳,慢慢走上会计之路。说不定不久之后我就能升职加薪,当上财务经理,出任CFO,迎娶高富帅,走上人生巅峰呢!

到那个时候,我也要买一套房住,买一套房空着,还得买上好多套用来出租!我也要感受一下地主婆的滋味嘛。现在学好投资性房地产的会计分录,说不定什么时候就要用上了呢!

我找了个机会问宇凡:"购入投资性房地产的会计分录该怎么做?"

钱宇凡老师的回答是:

借:投资性房地产

　　贷:银行存款

王美丽同学再提问:"……"

提不出来了。

我哭丧着脸了,发现这世上最可悲的事不是有问题没处解答,而是明明你想问问题,却根本都提不出一个问题。

钱宇凡还等着我继续提问呢,而我觉得自己的脸滚烫。偏偏钱宇凡还撩拨我: "小美同学,你不是有很多问题的吗,怎么不问了?"

气得我直冲他呲牙。

钱宇凡见我真生气了,也就不再与我逗了:"好吧,既然你不问了,那我给你讲讲业务心得?"

我点点头。

"其实投资性房地产的分录不难写,比较难的是怎么区分投资性房地产,还有资本化的后续支出。"钱宇凡说。

我问:"区分投资性房地产有什么难点?"

钱宇凡说:"第一点吧,经营性租赁和融资租赁分别是什么你知道吗?"

经营租赁是租赁公司将相关物品出租给承租人,收取租赁费用的租赁方式。

融资租赁是出租人根据承租人对出卖人、租赁物的选择，向出卖人购买租赁物，提供给承租人使用，承租人支付租金的方式。

我不是很明白："这两者不是租赁的两种方式吗？有什么区别？"

钱宇凡说："区别很大。经营租赁的租赁物都是自己先前购置，用于专门租赁。而融资租赁则是根据租赁人的要求，购置租赁物再租赁给承租人。完全是两种不同的模式啊。"

我问："那这两种租赁和投资性房地产有什么关系？"

钱宇凡说："'投资性房地产'科目定义里的'出租'，指的只是经营租赁，它的出租是不包括融资租赁的。"

"为什么不包括？"我疑惑。

钱宇凡说："因为法律规定不允许对房地产融资租赁。而且融资租赁只拥有使用权，是没有所有权的。而'投资性房地产'定义中的'持有'，指的就是所有权。你要知道，有没有产权这是投资性房地产的核心。"

最后宇凡特意强调：投资性房地产的"出租"，是指经营性租赁，不包括融资租赁。

"这样啊。"我大概了解了，又问，"那除此之外，还有什么要注意的？"

"你知道投资性房地产里包括持有并准备增值后转让的土地使用权的建筑物这一项的吧？"钱宇凡问。

我点头："嗯。"

钱宇凡说："但是这一项里是不包括国家有关规定认定的闲置土地的。"

这不就是说，就算有了土地使用权，但只要国家有关规定认定是闲置土地，那就不算是投资性房地产吗？

我很诧异："凭什么啊！"

钱宇凡耸了耸肩："不凭什么，国家就是这么规定的。"

由于我国土地所有权属于国家，企业拥有的只是土地使用权，如果在一定期限内不开发的闲置土地，国家要收回其土地使用权。

因此，像投资房产一样先低价吃进一块地闲置两三年以后再高价卖出，这是为国家所不允许的。新会计准则应用指南对此也作出了特别说明：闲置土地不属于持有并准备增值的土地使用权。

"哪里规定的？哪条法律规定的？"我狐疑地问，"不会是什么潜规则吧？"

钱宇凡说："当然不是，哪里有规定来着，我想想……好像是《闲置土地处置办法》！"

根据《闲置土地处置办法》（中华人民共和国国土资源部令第5号）的规定，闲置土地是指土地使用者依法取得土地使用权后，未经原批准用地的人民政府同意，超过一年未动工开发建设的；或者是已动工开发建设但开发建设的面积占应动工开发建设总面积不足1/3或者已投资额占总投资额不足25%且未经批准中止开发建设连续满一年的。

看过这个规定，我也不得不服气了："好吧，既然国家有规定，这也是没办法的事了。"但心里还是觉得这样的规定不怎么好。

钱宇凡拍了拍我的脑袋："别多想，国家制定这条法令自然有他的道理，这也是为了防止有些不法的房地产商扰乱金融秩序。"

我躲开他的手："不说这个了。你不是说资本化的后续支出也是个难点吗？给我讲讲这个吧。"

"资本化的后续支出……好吧，我们来讲讲它。"钱宇凡想了想，点了头。

钱宇凡说："这得先说说成本模式和公允价值模式（如图3-6）。"

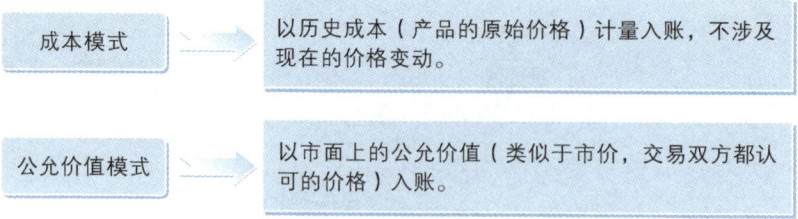

**图3-6　成本模式计量与公允价值模式计量**

钱宇凡说："这两种模式下，资本化的后续支出是不一样的（如图 3-7）。"

<table>
<tr><td>公允价值模式下：</td><td>成本模式下：</td></tr>
<tr><td>1. 转入改扩建时的会计分录为：</td><td>1. 转入改扩建时的会计分录为：</td></tr>
<tr><td>借：投资性房地产——厂房（在建）<br>贷：投资性房地产——成本<br>　　　　　　　　——公允价值变动</td><td>借：投资性房地产——厂房（在建）<br>　　投资性房地产累计折旧（摊销）<br>　　投资性房地产减值准备（有发生时）<br>贷：投资性房地产</td></tr>
<tr><td>2. 发生改扩建支出时的会计分录为：</td><td>2. 发生改扩建支出时的会计分录为：</td></tr>
<tr><td>借：投资性房地产——厂房（在建）<br>贷：银行存款（或应付账款）</td><td>借：投资性房地产——厂房（在建）<br>贷：银行存款（或应付账款）</td></tr>
<tr><td>3. 完工时的会计分录为：</td><td>3. 完工时的会计分录为：</td></tr>
<tr><td>借：投资性房地产——成本<br>贷：投资性房地产——厂房（在建）</td><td>借：投资性房地产<br>贷：投资性房地产——厂房（在建）</td></tr>
</table>

**图 3-7　投资性房地产的后续计量**

"我不太明白，这为什么会涉及扩建?" 我皱紧了眉头。似乎觉得我连资本化的后续支出是什么都不明白!

但钱宇凡却根本不知道我为什么皱眉，挑眉问我："这些分录的发生，就是因为我们购买的投资性房地产发生了扩建。扩建的费用如果符合资本化，就要变成投资性房地产的一部分，就有了这些会计处理。有什么问题吗?"

"你先告诉我一下，什么叫资本化的后续支出吧。" 我觉得这应该是理解概念的基础。

钱宇凡想了想，说："你应该先了解一下什么叫资本化。"

资本化是指符合条件的相关费用支出不计入当期损益，而是计入相关资产成本，作为资产负债表的资产类项目管理。

"简单地说，就是公司将支出归类于资产的方式。能理解吗?"

钱宇凡问。

我点点头："懂。"

"嗯，这样你就好理解资本化的后续支出了。其实也就是对原有的固定资产、交易性金融资产等这些资产进行改建、扩建，然后在会计处理上，把这些费用归类进了资产。"钱宇凡举了个例子，"比如说固定资产，在原有的固定资产上进行改建，扩建，按原固定资产的账面价值，加上由于改建、扩建而使该项资产达到预定可使用状态前发生的支出，减改建、扩建过程中发生的变价收入作为入账价值。就是这么回事儿。"

"这里就是把扩建产生的费用入账，计入了交易性金融资产。是不是？"我问他。

钱宇凡赞赏地点头："Right, my girl！"

可惜在另一头的我却没他那么闲逸。

我很忧伤地想，就这么一个会计分录我都理解得这么困难，我升职加薪，当上财务经理，出任 CFO，迎娶高富帅，走上人生巅峰的梦想可什么时候才能实现啊！

# 无形资产　价值无限

提到商标权，是一个峰回路转的故事。

那天我的包裹到了，是一条大红的沙滩裙，因为钱宇凡说周末要去北戴河玩，我特意买的。

裙子颜色很艳丽，很合我的心意。我一打开包裹就爱上了。等宇凡回来，我便充满期待地试穿给他看。没想到这家伙摸着下巴夸了声衣服好看，就开始损我。

"就是人丑了点，把衣服的好看度都拉低了，遮一遮吧。"他一本正经地说。

我怒目圆睁，瞅着宇凡一声不吭。宇凡见我真生气了，便笑嘻嘻地向我表忠心："小美你再丑也是我媳妇儿！我不嫌弃！"

我将头一扭，望向窗外，懒得搭理他。

宇凡最后屈服，和声细语地说："你穿什么都好看！刚才跟你逗着玩呢，还当真了！来，宝贝笑一个，别这么小气哦。"

说完，他还装模作样地看我新买衣服上面的标签。并且用剪刀小心翼翼的剪下来。

我说："你别跟我献殷勤，破标签我自己也能剪，不用你。"

宇凡说："小美，这可不是破标签哦。你知道商标权属于什么资产吗？"

我斜眼瞥他，心说小样儿你不觉得你转话题转得很生硬吗？我依然不做声。

钱宇凡却找到话题很起劲地聊了起来："话说那个享誉世界的水果手机都是在中国生产，然后再运到美国贴标。它的成本并不高，但就是人家外国人掌握着核心技术，贴上人家的商标，再运回中国，价值就攀升不少了。小美你说，这无形的资产价值大不大。"

我点头称是。宇凡继续说："咱们中国人以前并没意识到无形资产的价值。也没有保护无形资产的意识，所以在国际社会上总是吃亏。

"是……这样么？"我确实有些孤陋寡闻。

然后钱宇凡在我面前再次展示了他的博学："你知道世界上第一台 VCD 是谁发明的吗？"

我摇头。

钱宇凡说："是一个叫万燕的中国公司，但是因为当时知识产权保护意识的薄弱，这家公司的老板竟然没有去申请专利便大批量投产，并意图尽快占领市场。可他忽略了一个重要问题，一旦别人抢注了专利，他的生产就算是侵权了。他最初出售的 1 000 台样机，被国外厂商买走，并解剖研究，抢先注册了专利。所以后来 VCD 的标准是由索尼、飞利浦、JVC、松下等电器生产厂商联合于 1993 年制定，属于数字光盘的白皮书标准。就因为没有申请专利，中国丧失了 VCD 市场的半壁江山。"

"是这样啊。"我听得心情有些沉痛。

钱宇凡也摇摇头:"这是数字领域中国唯一有可能领先全球的机会,可惜了。"

这个话题太沉重了。

我换了个话题,问他:"专利权和商标权都属于无形资产吧?"

钱宇凡点头:"企业入账是入'无形资产'科目的。"

无形资产是指企业拥有或者控制的没有实物形态的可辨认非货币性资产。

无形资产具有广义和狭义之分,广义的无形资产包括货币资金、应收账款、金融资产、长期股权投资、专利权、商标权等,因为它们没有物质实体,而是表现为某种法定权利或技术。但是,会计上通常将无形资产作狭义的理解,即将专利权、商标权等称为无形资产。

"无形资产具体指的是什么?就是指专利权、商标权这样的东西吗?"我问。

钱宇凡摇头:"可不止啊。这些只是社会无形资产,但无形资产其实还包括自然无形资产的(如图 3-8)。"

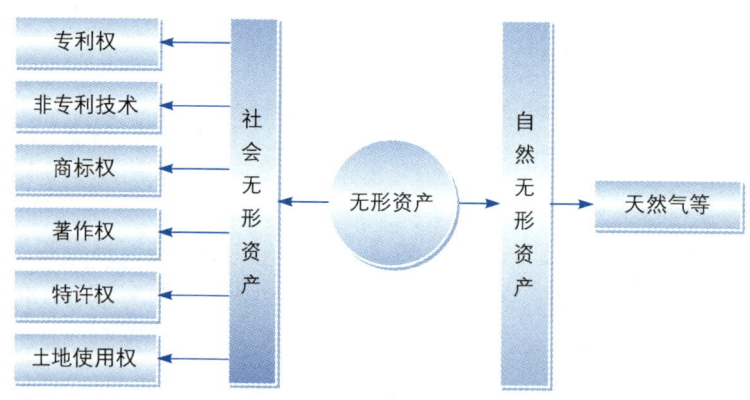

**图 3-8 无形资产的区分**

我摸着下巴,想出了一个很深奥的问题:"那这些东西的账面价值该怎么算？既然都是无形的，用什么标准估价呢？"

钱宇凡说："怎么会是估价呢？直接以取得无形资产并使之达到预定用途而发生的全部支出，作为这项无形资产的成本就可以了啊。"

"这样……可以么？"

钱宇凡点头："初始计量就是这么算的，之后就要开始无形资产的摊销了。不过在那之前，首先要确定的是无形资产的使用寿命（如图3-9）。"

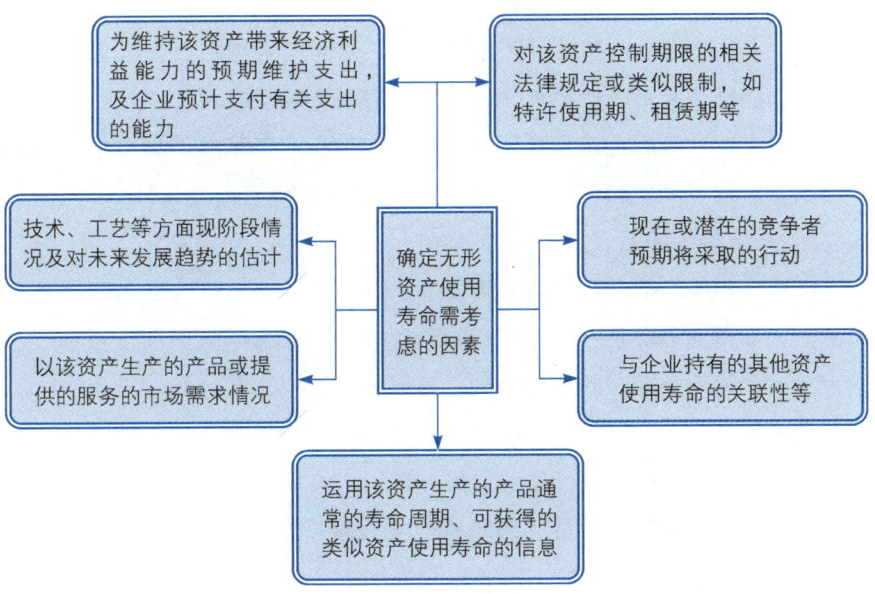

图 3-9　确定无形资产使用寿命需考虑的因素

"确定了无形资产的使用寿命要用来做什么？用于无形资产的摊销吗？"我问。

钱宇凡点点头："对啊。不过也不是所有无形资产都有确定的使用寿命，如果无法确定无形资产的使用寿命的话，这项无形资产在持有期间就不需要摊销了，不过在每个会计期间都要对其做减值测试。"

无形资产的使用寿命有限的，应当估计该使用寿命的年限或者构成使用寿命的产量等类似计量单位数量；无法预见无形资产为企业带来经济利益期限的，应当视为使用寿命不确定的无形资产。

判断无形资产的使用寿命是否确定的方法：

(1) 企业持有的无形资产，通常来源于合同性权利或是其他法定权利，而且合同或法律规定有明确的使用年限。

来源于合同性权利或其他法定权利的无形资产，其使用寿命不应超过合同性权利或其他法定权利的期限。合同性权利或其他法定权利能够在到期时因续约等延续，且有证据表明企业续约不需要付出大额成本的，续约期应当计入使用寿命。

(2) 合同或法律没有规定使用寿命的，企业应当综合各方面因素判断，以确定无形资产能为企业带来经济利益的期限。

经过上述方法仍无法合理确定无形资产为企业带来经济利益的期限的，才能将其作为使用寿命不确定的无形资产。

"如果要摊销的话，该怎么摊销呢？"我问。

钱宇凡说："应摊销金额为其成本扣除预计残值后的金额。已计提减值准备的无形资产，还应扣除已计提的无形资产减值准备累计金额。使用寿命有限的无形资产，其残值一般视为零，然后采用一个适合的摊销方法计算出摊销额之后，借记'管理费用、其他业务成本'等当期损益科目，贷记'累计摊销'科目。"

使用寿命能够可靠计量的无形资产摊销时的会计分录为：

借：管理费用——无形资产摊销

　　贷：累计摊销

我又问："那不能计量其使用年限的无形资产呢？他们不摊销的话，在持有期间需不需要做什么其他的分录？"

钱宇凡说："要啊。每次对使用寿命不确定的无形资产进行减值测试之后，如果发现了减值，就要计提减值准备了。"

使用寿命不确定的无形资产发生了减值，会计分录为：

借：资产减值损失——计提的无形资产减值准备

　　贷：无形资产减值准备

无形资产减值损失一经确认，在以后会计期间不得转回。

我问："那如果无形资产报废了呢？就比如说商标权，现在公司决策不再用这个商标了，但无形资产还有余额，那这个时候该做什么会计分录？"

钱宇凡反问我："如果只是不用了的话，公司到底是将这个商标报废，还是将它卖出去给了别的公司？"

"这两种状况都说说，分别该做什么分录？"

企业出售无形资产，应当将取得的价款与该无形资产账面价值的差额计入当期损益（营业外收入或营业外支出）。会计分录为：

借：银行存款（实际收到的价款——相关税费）

累计摊销（已计提的摊销）

无形资产减值准备（已计提的减值准备）

营业外支出（处置损失＝收到对价＜账面价值）

贷：无形资产（无形资产原价）

营业外收入（处置利得＝收到对价＞账面价值）

应交税费——应交营业税（缴纳的营业税直接从

银行存款里扣除即可）

无形资产预期不能为企业带来经济利益的，应当将该无形资产的账面价值予以转销，其账面价值转作当期损益（营业外支出）。会计分录为：

借：累计摊销

无形资产减值准备

营业外支出

贷：无形资产

看着钱宇凡写完分录，我不由感叹："原来无形资产的账务处理还挺麻烦的啊。"

钱宇凡说："这些麻烦不过是小麻烦，比起那些不懂商标权、专利权这些东西而对国家的发展产生的大麻烦，这又算什么呢？"

我看他表情沮丧，不由安慰他："咱们现在都好好学，争取以后别再吃这样的亏就好了嘛。"

钱宇凡点点头："对。"

20世纪80年代初，日本一考察团（成员实为间谍）参观北京景泰兰工艺厂，将该厂全部工艺制作技术全程拍摄下来，而厂方和旅游局领导未予制止，致使这一传承200余年被国家列为保护的专有技术被日方偷窃。以后日本以此技术也制出景泰蓝并很快占有了国际市场。

早在19世纪初，日本间谍就试图打听宣纸的生产技术，并且连偷带抢地弄走了一些生产宣纸的特种树皮，侵华日军还曾经绑架了一些宣纸的工匠，并且运走了一些树种，但是中国工匠拒不透露宣纸生产的工艺，他们用生命保护了宣纸的技术。

但是到了20世纪90年代初，日本人又来到了宣纸的故乡安徽泾县，他们来到了有关的厂家之后呢，千方百计地打听各种生产流程，为了达到目的，他们给工作人员送礼品、送小费，试图了解宣纸的生产技术。但是由于当地的人们警惕性很高，不允许日本人现场录像和拍照，也不允许他们取走纸浆，最后日本人无功而返。但是一年之后另一批日本人来到了浙江某县的造纸厂，这个厂是安徽泾县扶持建立的，拥有全套的宣纸制造设备和技术，此厂领导在被蒙蔽以及受贿之后呢，对日本人是知无不言，言无不尽，有问必答，而且就连蒸煮材料的碱水浓度这样的细节都详细告诉了日本人。日本人回国之后利用得到的情报改良了生产技术，不久之后就成功生产了宣纸。

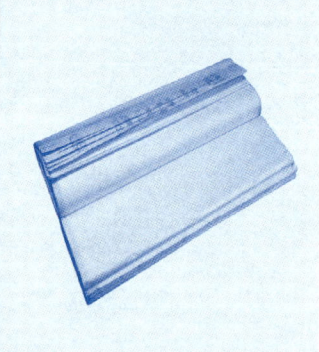

　　我们中国人不懂专利权而吃亏的事情不止这些。小美对此痛心疾首。我觉得我们中国人一定要加强法律意识，深入学习各种法令法规，千万别再以我们的文化遗产的外流为代价来让我们铭记法律的重要性了。

 # 长股投令我的头很疼

凌丽说要出差一个礼拜，但实际却过了一个多月才回来。总监早就回来了，于晶她们都说凌丽是让总监给自己放了年假，故意躲我呢。

但我也没什么办法，眼看着我的实习期刷地一下过去了 1/3，我却连资金会计的门都还没摸到，只觉得心急。这时也顾不得凌丽对我明显的厌恶了，她一来我就凑了上去。

"凌姐，今天咱们学点什么啊？"我问她。

凌丽不理我，等我跟着她绕了好几圈了，她终于不耐烦了，让我回自己的位置，"你先看看长股投的科目明细表，等我闲下来了再跟你讲啊。"

长股投，长期股权投资的简称。

长期股权投资是指通过投资取得被投资单位的股份。企业对其他单位的股权投资，通常视为长期持有，以及通过股权投资达到控制被投资单位，或对被投资单位施加重大影响，或为了与被投资单位建立密切关系，以分散经营风险。

我点了点头，然后打开凭证开始一张一张地看。

这个科目一整年的凭证也没有多少，涉及的科目却不少，有"投资收益"，有"资本公积"，还有"预计负债"……看得我头晕眼花，完全不懂这些分录之间的关系，只好向于晶求救。但于晶说这个科目很难学，上学的时候就没有搞懂。现在不接触这块业务，她也就不思进取，始终没有搞清楚。

我瞄了一眼凌丽，她正在接电话，眉飞色舞。显然一时半会儿她是停不下来。没办法，我只好在微信上向宇凡求救。

小美："宇凡，怎么学长期股权投资？"

宇凡："没人教你?"

小美："没。凌丽在跟人聊天,根本不搭理我!"

宇凡:(无奈的表情)

小美:(可怜的表情)

宇凡："好吧。既然你要学这个科目,就先回忆下它的概念,然后把'企业合并'、'共同控制'和'重大影响'区分清楚。"

按照宇凡的指导,我迅速在大脑中回忆了这几个概念的定义。

控制(企业合并):一般我们是看持股比例,通常情况下持股比例大于50%的,我们就可以认为形成了控制;当然在判断时应该遵循实质重于形式的原则。

同一控制下的企业合并、非同一控制下的企业合并:这两个概念是建立在控制或者说企业合并基础上的,企业合并从参与合并双方的关系角度来划分的。如果A与B在合并业务发生之前受同一方或者相同多方最终控制的并且该控制并非暂时性的,那么A、B之间的合并业务就属于同一控制下的企业合并;反之,则属于非同一控制下的企业合并。

共同控制:按照合同约定对某项经济活动共有的控制。合营企业的特点是,合营各方均受到合营合同的限制和约束。

重大影响:对一个企业的财务和经营政策有参与决策的权力,但并不能够控制或者与其他方一起共同控制这些政策的制定实务中,较为常见的重大影响体现为在被投资单位的董事会或类似权力机构中派有代表,通过在被投资单位生产经营决策制定过程中的发言权实施重大影响。

确定这些概念后,我又拿起了手机给宇凡发微信。

小美："看完了,接下来做什么?"

宇凡："接下来就要注意长期股权投资的初始计量问题了,也就是要解决初始投资成本的问题。"

然后,他开始用语言跟我讲解。

长期股权投资的初始计量：

（1）企业合并形成的长期股权投资（持股比例大于50%），

A. 双方之前存在关系。例如：两者都是第三家公司的子公司。

分类：同一控制下的企业合并形成的长期股权投资。

$$\frac{初始投资}{成本} = \frac{被投资单位所有者}{权益账面价值} \times 持股比例$$

B. 双方之前不存在关系。常见表述：合并之前，双方不存在关联关系。

分类：非同一控制下的企业合并形成的长期股权投资。

$$初始投资成本 = 付出对价资产的公允价值$$

（2）非企业合并形成的长期股权投资（持股比例小于50%）。

分类：企业合并以外的方式（或者：非企业合并）形成的长期股权投资。

$$初始投资成本 = 付出对价的公允价值 + 直接相关税费$$

我用文字回复宇凡："这里的相关税费怎么计量的?"

于是钱宇凡又发来语音回复。

关于相关费用的处理：

对于取得长期股权投资过程中发生的审计费、咨询费、评估费等直接相关费用：

（1）如果是企业合并形成的长期股权投资，上述费用都是计入管理费用的；

（2）如果是企业合并以外的方式取得的长期股权投资，上述费用都是计入初始投资成本的。

以发行权益性证券、债券为对价的，发行权益性证券、债券过程中涉及的佣金手续费依照下列原则处理：

（1）以发行债券方式进行的企业合并，与发行债券相关的佣金、手续费等应计入负债的初始计量金额中。

（2）发行权益性证券作为合并对价的，与所发行权益性证券相关的佣金、手续费等均应自所发行权益性证券的发行收入中扣减，在权益性工具发行有溢价的情况下，自溢价收入中扣除，在权益性证券发行无溢价或溢价金额不足以扣减的情况下，应当冲减盈余公积和未分配利润。

最后，对价中包含的已宣告但尚未支付的现金股利作为"应收股利"核算。

我偷偷在办公室戴上耳机，聆听宇凡磁性的声音。大脑迅速运转，记录下他说的点点滴滴。

这块内容确实太复杂，我都有些晕了。钱宇凡发过来一个"抚摸"的表情，说："这一章确实生涩，你静下心来认真琢磨一下。学会计没捷径的。"

我被钱宇凡安抚了，一边努力奋斗，一边心里暗暗责备凌丽。她肯定是故意挑了这个科目来让我为难！不过反过来想，还是应该感激凌丽。不然我也不会发现我有这样的"软肋"。

接下来就是长期股权投资的分类和后续计量方法的选择了。我觉得内容着实太复杂，于是放下手机，通过网上 QQ 跟他对话。

我问钱宇凡："长期股权投资只涉及股权投资吧？"

宇凡发了个点头的表情。

我又问："就只有上面你说到的那几种？对被投资单位形成控制、共同控制、重大影响的，就一律作为长期股权投资核算？"

钱宇凡又点头："对。"过了一会儿，他发微信说，"不同类型的长期股权投资使用的核算方法不同，我给你发张图吧（如图 3-10）。"

最后，宇凡强调，对于无共同控制、无重大影响，活跃市场无公开报价的"三无"投资，按照新修订的准则，则需要通过"可供出售金融资产"核算。

我看完有些迷糊，长期股权投资无非是按照权益法或者成本法

| 投资方和被投资方的关系 | 持股比例 | 被投资方称谓 | 投资方核算方法 | 是否纳入合并范围 |
|---|---|---|---|---|
| 控制 | 大于50% | 子公司 | 成本法 | 子公司纳入合并范围，编制合并报表时，需调整为权益法核算 |
| 重大影响 | 20%及以上至50%（含50%） | 联营企业 | 权益法 | 不纳入合并范围 |
| 共同控制 | 两方或多方对被资方持股比例相同 | 合营企业 | 权益法 | 不纳入合并范围 |

**图 3-10　不同类型长期股权投资的核算类型**

核算，但是如果公开市场有报价的投资，该怎么核算呢？

钱宇凡随后给我解开了这个谜团。

在活跃市场上有报价且公允价值能够可靠地计量的权益性投资，按交易性金融资产或可供出售金融资产来核算（如果是为了短期获利则作为"交易性金融资产"核算）。

我正想要问宇凡成本法和权益法的区分，这时凌丽却给我发过来一张表，说："把这笔长期股权投资的账做一下。"

我问她怎么做账，但 QQ 上敲了她好几次她没有理我。哎，我也无语了！不得已我只好继续求助钱宇凡。

宇凡："要做长期股权投资？"

小美："对啊，但是我完全不知道该怎么做。"

宇凡："她有说用什么计量方法吗？成本法还是权益法？"

小美："没说。她不理我。"

宇凡："那她给你发的什么表？"

小美："成美公司宣告发放现金股利的表。"

宇凡："去查成美公司和你们公司的关系，然后根据上面的表查出要用的计量方法，我们再说下一步。"

哈哈，宇凡真是我的"机器猫"！问题顿时就迎刃而解了呢！

我愉快地找于晶问出了成美公司是我们公司控制下的子公司，确定了这笔长期股权投资的后续计量要用的方法是成本法。然后做出了下面的分录：

借：应收股利

贷：投资收益

成本法：以长期股权投资的初始投资成本计量，除增减资产或者减值等特殊情况外，账面价值不随被投资单位的所有者权益变动而变动。根本不需要比较初始投资成本与应享有被投资单位可辨认净资产公允价值份额的大小，即个别报表中核算不需要考虑应享有被投资单位可辨认净资产公允价值份额。

会计处理只需关注被投资单位宣告的现金股利即可。

做完这一笔，我挺得意地跟钱宇凡聊天，一直在骚扰他。弄得他无奈了：小美，你没什么事要做了吗？

小美：没有。凌丽又不肯教我东西！

宇凡：那你去学习权益法啊，这是长期股权投资的一个大难点呢。

小美：那权益法从哪里开始学起？

宇凡：先看权益法下，长期股权投资初始成本的调整。

权益法下对长期股权投资初始成本的调整，说得通俗一点，就是初始计量后的瞬间，马上比较长期股权投资的初始入账成本和取得投资当日应享有被投资方所有者权益（净资产）公允价值份额的大小：

长期股权投资的初始入账成本＞取得投资当日应享有被投资方所有者权益公允价值份额，差额确认为商誉，不做任何会计处理；

长期股权投资的初始入账成本＜取得投资当日应享有被投资方所有者权益公允价值份额，差额确认为当期损益，一方面调整增加长投的账面价值，另一方面确认为当期营业外收入。会计分录为：

借：长期股权投资——成本

贷：营业外收入

做完笔记，我继续问钱宇凡："接下来做什么？"

宇凡："学习被投资方净资产公允价值变动而相应进行的会计处理。"

被投资方净资产公允价值变动而相应进行的会计处理，即对投资收益的确认和资本公积的确认涉及三种方法：即简单权益法、购买权益法、完全权益法。

以简单权益法为例：

资产负债表日，不考虑购买日被购买方净资产的账面价值是否等于该日公允价值，也不考虑是否存在内部顺、逆流交易；就按应享有被投资方账面净利润的份额确认投资收益：

借：长期股权投资——损益调整
  贷：投资收益

被投资方宣告现金股利时：

借：应收股利
  贷：长期股权投资——损益调整
                ——成本

超额亏损的确认（主要是牢记冲减顺序，并不涉及其他权益变动的调整）：

借：投资收益
  贷：长期股权投资——损益调整　　第 1 顺序
             ——长期应收款　第 2 顺序
             ——预计负债　　第 3 顺序

对被投资单位净资产因净损益以外其他原因导致的变动进行调整：

借：长期股权投资——其他权益变动
  贷：资本公积——其他资本公积

钱宇凡敲字速度飞快，我只管看都有些消化不来，忍不住说："你给解释一下为什么这么做呗。"

结果钱宇凡回复了一个特气人的回答："没什么为什么，你先把这些记下来，到时候你多做几遍业务就明白了。"

我懒得再问他了，就看着他继续说："接下来就是长期股权投资的处置了，我直接写分录给你看。"

长期股权投资的处置：

成本法下：

借：银行存款

　　长期股权投资减值准备

　贷：长期股权投资

　　投资收益　　（可能在借方）

权益法下：

借：银行存款

　　长期股权投资减值准备

　贷：长期股权投资——成本

　　　　　　　——损益调整　　（可能在借方）

　　　　　　　——其他权益变动　（可能在借方）

　　投资收益　　（可能在借方）

同时，做这一步的目的是因为资产处置了，未实现的损益要体现为真正的损益。

借：资本公积——其他资本公积

　贷：投资收益

这次他写完，我也不再问什么意思了，直接问他："还有什么要注意的?"

钱宇凡："要注意的地方也是最难的内容，这就是长期股权投资核算方法的转换。"

我惊讶了："核算方法还能换? 一般而言，不是确定了一种核算方法了，没有特殊情况就不能换了吗?"

钱宇凡："当然能换。假如一开始的持股比例是 10%，当持股比例上升到30%的时候，公司与被投资方的关系就变了，此时当然就得更换核算方法了。"

因持股比例上升，长投由成本法向权益法的转换：

① 首先把长期股权投资分为 2 各部分：原投资部分、新取得投

资部分——对于这2个时点的投资，都要确认相应的商誉或负商誉，但两者应综合考虑，或者说，最终的结果就是2次投资的初始入账成本之和A（A1＋A2）与应享有新投资之日被投资方净资产公允价值B2（B1、B2）的份额之间的比较，若前者大于后者，则总体上确认为商誉，若前者小于后者，则总体上要确认当期损益或调整留存收益。

② 对于原持股比例部分，原取得长期股权投资后，至新取得投资的交易日之间被投资单位可辨认净资产的公允价值变动——相对于原持股比例的部分（M）：要分清成因，划分时间段，具体来说：

（1）属于在此期间被投资单位单位实现净损益中应享有份额的，一方面调整长期股权投资，同时：

Ⅰ：对于原取得投资时至新增投资当期期初按原持股比例应享有的被投资单位实现的净损益，调整留存收益；

Ⅱ：对于新增投资当期期初至新增投资交易日之间应享有被投资单位的净损益，应计入投资收益；

借：长期股权投资——损益调整　　　　　　　　Ⅰ＋Ⅱ
　贷：盈余公积　　　　　　　　　　　　　　　0.1Ⅰ
　　　利润分配——未分配利润　　　　　　　　0.9Ⅰ
　　　投资收益　　　　　　　　　　　　　　　Ⅱ

（2）其余部分，属于其他原因导致的被投资单位可变净资产公允价值变动中应享有的份额，调整长期股权投资和其他资本公积；

借：长期股权投资——其他权益变动　　　　　　M－（Ⅰ＋Ⅱ）
　贷：资本公积——其他资本公积　　　　　　　M－（Ⅰ＋Ⅱ）

钱宇凡讲完，确认他没什么补充的了，我就非常过河拆桥地对他隐了身，还举着拳头对着拳头狠狠地比划了一下。哼，让你不耐烦理我！

于晶看见了，就问我怎么了，我跟她说了钱宇凡让我自己死记硬背，不给我解释分录的事。于晶在那头教育我："小美你怎么这么不懂事呢！人家愿意教你是你的幸运，你想想凌姐不仅不教你还怠慢你！做人要惜福知道吗！"

　　这一连三个感叹号，一下把我从得意忘形的边缘拉了回来，让我感觉有点羞愧。最近仗着已经和钱宇凡定下了关系，我确实对他非常不客气。

　　他的工作比我忙，能够帮我整理出这么多业务知识已经很不容易了，我还赖着非让他给我讲，确实是不应该。更不应该逞一时之气就屏蔽他的消息……我深刻地自我反省中。

　　最后，我总结出了结论，这件事我要向钱宇凡道歉。

　　我解开了对钱宇凡的屏蔽，正要跟他说抱歉，就收到了他的消息——"王美丽你是不是屏蔽我消息了？小美你幼稚不幼稚？小狗都没你这么幼稚！"

　　坏家伙，说谁小狗！

　　我觉得道歉这事儿还是等回去再说吧！现在我还是要继续生气的！还要继续屏蔽钱宇凡的消息！

# 挨骂了的"学霸"

　　我正因为钱宇凡这个坏家伙而眉飞色舞呢，耳畔突然传来了凌丽严厉的声音："你在干什么，让你做的账做完了吗？"

　　吓了我一大跳。我正要开口，凌丽就已经劈头盖脸地骂了起来："让你做点小事你就偷懒，我忙的时候你就拼命地来捣乱！真不知道副总干嘛非得让你来？来让你给大家添堵的吗？"

　　这些莫名其妙的指责气得我浑身发抖，但因为平时甚少吵架，我却连一个反驳的词都说不出来。凌丽又指桑骂槐地说了许多过分的话，我终于找回了自己的声音："账我已经做了。"

　　凌丽不信，瞪大了眼睛："打开我看。"

　　我把我做的凭证筛选出去，一张张地对应给她看，都是钱宇凡教我做的账，她找不到一点问题，只得蔫蔫地闭嘴了。但她却没有放弃找我的茬，转过头就又找出了几份资料丢在了我的桌上，并讥讽地对我说："一整天就只做那么几笔账，你也真够'敬业'的。整天到处说我不给你讲业务，想教你吧你又自己先逞能了。得，既然你这么有能力，你就把去年这几笔业务的会计分录都写出来吧，就当作年底做预习咯。"

这时已经下班了，凌丽把资料甩到我桌上之后，也快速收拾东西走了。我捏着资料，一口气堵在胸腔里，发不出来也咽不出去。心里怨恨自己刚刚说不出一句话，更怨恨凌丽对我总是这样苛刻。"啪"地一下坐下，我对着电脑也不知道自己在想些什么了。

没一会儿，钱宇凡给我打来电话："你怎么还没回来？"

我："凌丽让我看几笔账，写出会计分录，但是我完全没有头绪。"

钱宇凡："她有给你什么资料吗？"

我："有，去年年底的股票价格表。"

钱宇凡："你去财务软件里查一下，资料上涉及的公司股票入的是哪个科目。"

我进入财务软件，确定该笔资产入账科目是可供出售金融资产。可供出售金融资产指初始确认时即被指定为可供出售的非衍生金融资产，以及没有划分为持有至到期投资、贷款和应收款项、以公允价值计量且其变动计入当期损益的金融资产。

钱宇凡："那你就把这个科目去年 12 月的分录都抄回来，我教你怎么看。"

回到家钱宇凡哄了我好一会儿我才缓过劲来，然后他开始给我科普。

**图 3-11 金融资产对比图**

钱宇凡说："可供出售金融资产主要分可供出售权益工具投资和可供出售债券工具投资这两种，股票属于可供出售权益工具投资，可供出售债券工具投资主要是指债券。"

这个科目主要有三步账务处理：

1. 取得可供出售金融资产（图3-12）

**权益性质（股票）**

按其公允价值与交易费用之和，借记"可供出售金融资产——成本"科目，按支付的价款中包含的已宣告但尚未发放的现金股利，借记"应收股利"科目，按实际支付的金额，贷记"银行存款"等科目

**债权性质（债券）**

按债券的面值，借记"可供出售金融资产——成本"科目，按支付的价款中包含的已到付息期但尚未领取的利息，借记"应收利息"科目，按实际支付的金额，贷记"银行存款"等科目，按差额，借记或贷记"可供出售金融资产——利息调整"科目

**图 3-12　取得可供出售金融资产**

2. 资产负债表日的账务处理（图3-13）

**权益性质（股票）**

**债权性质（债券）**

分期付息

一次还本付息

可供出售金融资产的公允价值高于其账面余额的差额，借记"可供出售金融资产——公允价值变动"科目，贷记"资本公积——其他资本公积"科目；公允价值低于其账面余额的差额作相反的会计分录

按票面利率计算确定的应收未收利息，借记"应收利息"科目，按可供出售债券的摊余成本和实际利率计算确定的利息收入，贷记"投资收益"科目，按其差额，借记或贷记"可供出售金融资产——利息调整"科目

按票面利率计算确定的应收未收利息，借记"可供出售金融资产——应计利息"科目，按可供出售债券的摊余成本和实际利率计算确定的利息收入，贷记"投资收益"科目，按其差额，借记或贷记"可供出售金融资产——利息调整"科目

## 3. 出售可供出售金融资产

应按实际收到的金额，借记"银行存款"等科目，按其账面余额，贷记"可供出售金融资产——成本、公允价值变动、利息调整、应计利息"科目，按应从所有者权益中转出的公允价值累计变动额，借记或贷记"资本公积——其他资本公积"科目，按其差额，贷记或借记"投资收益"科目

**图 3-13 资产负债表日的账务处理**

我问他："那凌丽给的这些资料，就是可供出售金融资产的全部业务资料吗？"

钱宇凡揉我的脑袋："笨！她给你的是年底的股票价格表，当然是让你做资产负债表日的那一部分啊。"

举例：

2014 年 12 月 31 日，确认西然公司股票公允价值变动为 192 000元 [(5.20－5.008)×1 000 000]

借：可供出售金融资产——西然股票——公允价值变动　　　192 000

贷：资本公积——其他资本公积——公允价值变动——西然股票　　192 000

我皱了下眉："那如果没有公允价值变动呢？"

钱宇凡说："那就金额为 0 啊。"

2014 年 12 月 31 日，乙公司股票公允价值变动为 0，每年会计分录相同。

借：可供出售金融资产——西然股票——公允价值变动　　　0

贷：资本公积——其他资本公积——公允价值变动——西然股票　　0

"就……这么简单？"我瞠目结舌。

钱宇凡点了下我的鼻头："笨丫头！本来就是会者不难，难者不会啊！"

这倒也是……如果没有钱宇凡的话，我连凌丽让我看的内容是什么都搞不懂，又怎么会觉得这些分录简单呢？

我工工整整地把那些公司股票的公允价值变动分录全都写出来，然后附在资料上，装回档案袋，心想着明天一去公司，我就把这些资料全摆到凌丽面前，让她看看我的本事！别再小瞧我！

钱宇凡看我写完分录，也没什么事儿了，就开始骚扰我："丫头，要不我给你继续讲课？讲讲持有至到期投资什么的？"

我拿眼斜他："这会儿不觉得我幼稚了？不是下午不乐意搭理我的时候了？"

钱宇凡赔笑："那下午不是忙嘛。在做融资报告呢。"

我哼了一声，终于恩赐了他："恭喜你遇到这世上最好脾气的人了，你说不讲就不讲，想讲了我就听。开讲吧。"

钱宇凡很配合地打了个千儿："喳。"

持有至到期投资是指到期日固定、回收金额固定或可确定，且企业有明确意图和能力持有至到期的非衍生金融资产。通常情况下，包括企业持有的、在活跃市场上有公开报价的国债、企业债券、金融债券等。

我问："它和交易性金融资产、可供出售金融资产有什么区别呢？"我觉得这三者之间的界限很模糊，基本没法区分谁是谁啊！

钱宇凡想了想，给我画了下面的表 3-2。

表 3-2　　　　　　　　　　　可供出售金融资产的分类

|  | 交易性金融资产 | 持有至到期投资 | 可供出售金融资产 |
|---|---|---|---|
| 持有目的 | 短期获利 | 固定收益 | 介于前两者之间 |
| 对象 | 股票或债券 | 债券 | 股票或债券 |
| 核算原则 | 完全公允价值来计量 | 公允价值与实际利率相结合（债券时） | 历史成本与实际利率相结合 |
| 初始确认核算 | 取得时所发生交易费用计入当期损益 | 取得时发生交易费用计入金融资产成本 | 取得时发生交易费用计入金融资产成本 |
| 减值计提与转回方法与渠道 | 不存在计提减值准备问题 | 需要计提减值准备 | 需要计提减值准备 |

"这样看的话，是不是直观一些？"钱宇凡问。

我点点头。确实，起码能看出这三者的差异在哪里了呢。

"那么，接下来就是持有至到期投资的账务处理了。"钱宇凡说。

持有至到期投资应采用实际利率法，按摊余成本计量。实际利率法指按实际利率计算摊余成本及各期利息费用的方法，摊余成本为持有至到期投资初始金额扣除已偿还的本金和加上或减去累计摊销额以及扣除减值损失后的金额。

账务处理步骤如下（图3-14）：

**1. 取得持有至到期投资的账务处理**

按该投资的面值，借记本科目（成本），按支付的价款中包含的已到付息期但尚未领取的利息，借记"应收利息"科目，贷记"银行存款"等科目，按其差额，借记或贷记本科目（利息调整）

**2. 持有至到期投资后续计量的账务处理**

采用实际利率法，按摊余成本计量。将金融资产或金融负债在预期存续期间或适用的更短期间内的未来现金流量，折现为该金融资产或金融负债预期存续期间或适用的更短期间保持不变。

**3. 资产负债表日的账务处理**

持有至到期投资为分期付息、一次还本债券投资的，应按票面利率计算确定的应收未收利息，借记"应收利息"科目，按持有至到期投资摊余成本和实际利率计算确定的利息收入，贷记"投资收益"科目，按其差额，借记或贷记本科。

**分期付息**

**一次还本付息**

持有至到期投资期末摊余成本＝期初摊余成本＋期初摊余成本×实际利率－本期收回的本金和利息－本期计提的减值准备

借：应收利息
　贷：投资收益　（计提利息收入）
　　　持有至到期投资——利息调整

借：持有至到期投资——应计利息（债券面值×票面利率）
　贷：投资收益（持有至到期投资期初摊余成本×实际利率）
　　　持有至到期投资——利息调整（差额，或借记）

期末摊余成本＝期初摊余成本（本金）＋实际利息（期初摊余成本×实际利率）－已发生的资产减值损失，则实际利息增加期末摊余成本

**4. 持有至到期投资发生减值时的账务处理**

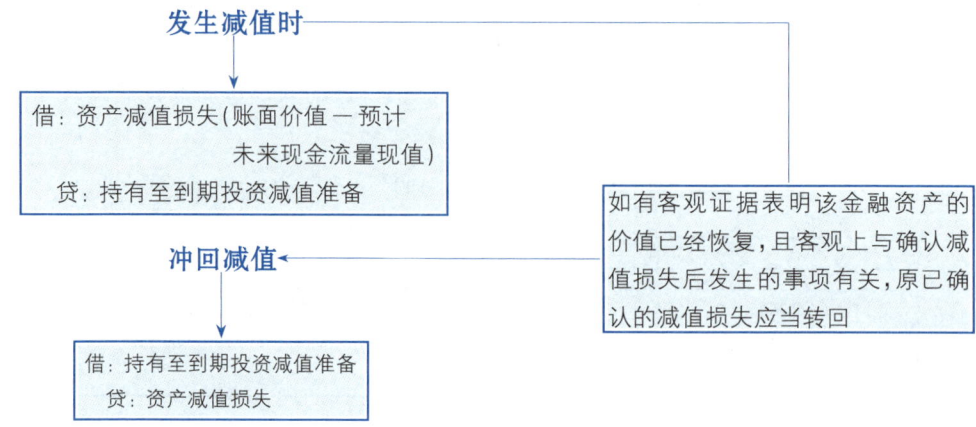

**发生减值时**

借：资产减值损失(账面价值 — 预计
　　　　　　未来现金流量现值)
　贷：持有至到期投资减值准备

如有客观证据表明该金融资产的价值已经恢复，且客观上与确认减值损失后发生的事项有关，原已确认的减值损失应当转回

**冲回减值**

借：持有至到期投资减值准备
　贷：资产减值损失

**5. 持有至到期投资出售时的账务处理**

**出售**

按实际收到的金额，借记"银行存款"等科目，已计提减值准备的，借记"持有至到期投资减值准备"科目，按其账面余额，贷记本科目（成本、利息调整、应计利息），按其差额，贷记或借记"投资收益"科目。

售价与账面价值的差额计入投资收益。

借：银行存款（实际收到的价款）
　　持有至到期投资减值准备（已计提的减值准备）
　贷：持有至到期投资——成本（账面余额）
　　　　　　　　——利息调整（账面余额）（或借记）

**图 3-14　账务处理的步骤**

　　我跟着钱宇凡说的不停地记着笔记，回过神来时，才发现钱宇凡一直盯着我手中的笔，不知在想着什么。

　　"喂。"我把手在他面前晃了晃。

　　他回过神来，拉住了我的手，以赞叹的语气说："小美，你才工作一个多月，就已经记下了大半本工作笔记了啊?"

　　啊，原来在看这个啊！我得意地晃着笔记本："那是，你也不看看本姑娘是个多么强大的学霸!"

# 第四章

## 反击！突围职场层层困境

通过本章，小美掌握了如下技能

# 应付账款岂能是"藏污纳垢"之处

宇凡不仅是我的哆啦 A 梦，也如同我的作弊器。第二天我去公司时自信满满，还很好运地在电梯口遇到了财务副总。

我跟副总打了声招呼，副总看了我一会儿才说："你就是财务部新来的那个小美吧？"

我很恭敬地点头称是。

副总的目光移到我手上的文件夹，若有所思地说："现在财务有这么忙吗？还要你把工作带回去做？"

我心里一动，平时没有机会跟副总见面，也不好到处说凌丽的不是，现在副总就在面前，我不告她一状简直是浪费机会啊！

于是我拿出文件夹里的资料给副总看，说："不是工作，是凌姐让我自己琢磨业务，我看不懂，只好带回去慢慢研究。"

副总接过资料，开始看我写的分录，和钱宇凡帮我总结的交易性金融资产、可供出售金融资产和持有至到期投资的区别，点头赞道："不错。自学能到这个程度，很有灵性嘛。"

我笑了笑，开始向副总打小报告："没办法，总监让我跟凌丽姐学，但她出差出去了一个多月，我总不能闲着等她吧？再说凌丽姐又忙，回来了也是一直在联系业务，没空给我讲课，我也就只好自学了。"

副总的脸色顿时就变得难看了："凌丽不是只出差了一周吗？"

我摇摇头："不知道。不过她确实一个多月没来了。"

副总把资料还给我，说："好了，我知道了，等下我让宋城给你换个师父吧。"宋城，就是总监的名字。

我心里欢呼雀跃，忙不迭地说："谢谢副总。"

这场调整，突如其来。凌丽被安排到档案室，负责凭证装箱。她现在的工作由我来担当。而我的业务则换成有过资金会计经验的张蓉来带。凌丽听到这样的调整，大感意外。而且虽然是总监宣布的这个决定，但是大家都清楚，这样的决定不可能是总监提出来的。

凌丽让出位置离开了办公室，我的心情顿时松快了，一直笑眯眯的。于晶却在一旁打击我："没看出来吗，这明显是副总为你打抱不平了。而总监却还在想方设法地保凌丽。他为什么派凌丽去档案室？就是为了让你没人教，张蓉她现在忙得要死根本没空教你。到时候你的试用期到了，业务能力却不行，总监就有理由把凌丽给调回来了。你还笑！被人坑了都不知道！"

我依然笑着，说："随便他们了。他有张良计，我有过墙梯，反正凌丽在这里也不教我，还不如别在这里，免得碍眼！"

于晶叹了口气，闷闷地说："其实我们都挺想你留下来的。凌丽那个人……唉。希望你能安全度过试用期吧。"

我和于晶聊了一会儿关于报会计职称考试的事情。我本想参加中级会计职称考试，无奈年限不够，不能报名。会计本科毕业必须有 4 年工作经验，而专科毕业需要有 5 年工作经验才可以报考。

财务部今天不是很忙，于晶说："既然没地方学资金的东西，就跟我学点应付吧。业务都是相通的，一法通，万法通，你自己多上上心吧。"

应付账款是企业应支付但尚未支付的手续费和佣金。是会计科目的一种，用于核算企业因购买材料、商品和接受劳务供应等经营活动应支付的款项。

于晶说："应付账款主要是采购材料所产生的，过程就是从签订采购合同开始的（如图 4-1）。"

"这里面，我们涉及的主要就是台账、审核制单，还有对账，都是我们这边做的。"于晶说。

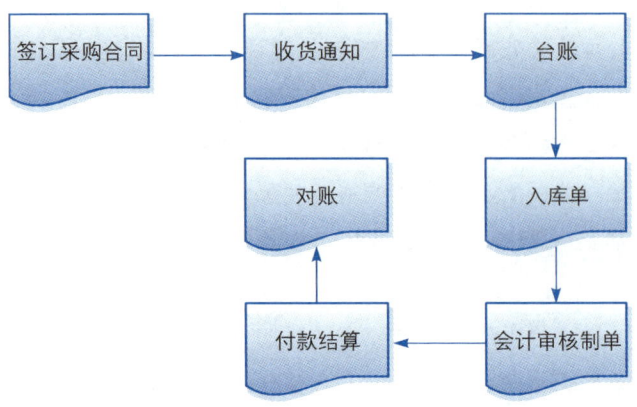

图 4-1　应付账款业务流程

我问："那业务是怎么做的呢？"

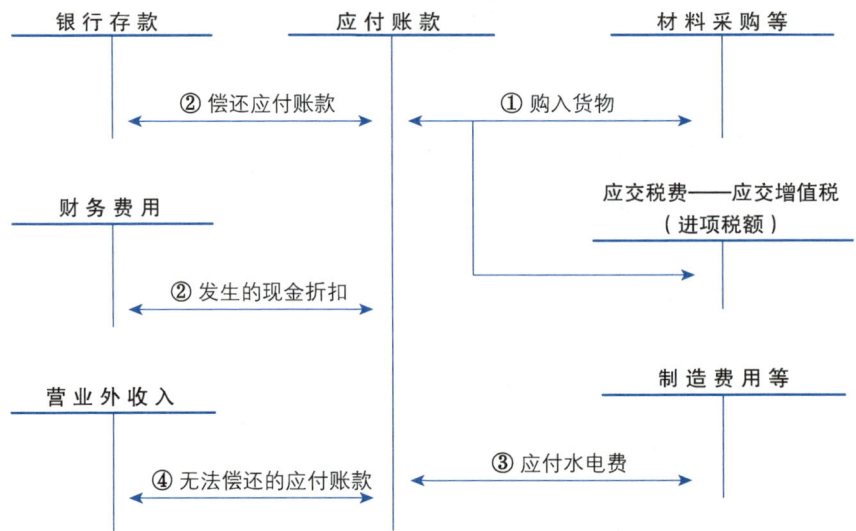

图 4-2　应付账款丁字账

于晶直接画出了上面的丁字账（图4-2）给我看："购入货物的时候，借记'材料采购'等科目，贷记'应付账款'科目……这个账你能看懂吧？"

我点点头，称赞地说："晶晶你的画法很好懂，特别简明扼要。"

"好懂就行。"于晶被夸得脸有点红，"咱们下面来做个业务吧

（转账凭证见图 4-3）。"

2015 年 5 月 15 日，我司向真洁公司购进材料一批，共 1 000 千克，每千克计划成本为 80 元。材料运到并已验收入库，但至月终托收凭证仍未到达，货款未付。

会计分录为：

借：原材料　　　　　　　　　　　　　　　80 000

　　贷：应付账款　　　　　　　　　　　　　80 000

# 转 账 凭 证

2015 年 5 月 15 日　　　　　　　　　　　　　　转字第×号

| 摘 要 | 借方科目 | 贷方科目 | 过账 | 借方金额 | | | | | | | | | 过账 | 贷方金额 | | | | | | | | |
|---|---|---|---|---|---|---|---|---|---|---|---|---|---|---|---|---|---|---|---|---|---|---|
| | | | | 千 | 百 | 十 | 万 | 千 | 百 | 十 | 元 | 角 | 分 | | 千 | 百 | 十 | 万 | 千 | 百 | 十 | 元 | 角 | 分 |
| 购料入库，尚未支付货款 | 原材料 | | | | | | 8 | 0 | 0 | 0 | 0 | 0 | | | | | | | | | | |
| 购料入库，尚未支付货款 | | 应付账款 | | | | | | | | | | | | | | | 8 | 0 | 0 | 0 | 0 | 0 |
| | | | | | | | | | | | | | | | | | | | | | | |
| 合　　计 | | | | ￥ | 8 | 0 | 0 | 0 | 0 | 0 | | | | | | ￥ | 8 | 0 | 0 | 0 | 0 | 0 |

会计主管：　　　记账：　　　　　　复核：　　　　　　制单：

图 4-3　转账凭证

我看得有点糊涂："这笔业务的托收凭证没有到达，也可以入账吗？"

于晶无语："东西都进库了，你能不入账？下月初再用红字分录冲回来就行了。"

下月初用红字分录冲回，作会计分录为：

借：原材料　　　　　　　　　　　　　　　−80 000

　　贷：应付账款　　　　　　　　　　　　　−80 000

应付账款在确定入账时间时，应以权责发生制为原则。应付账款应根据发票账单登记入账，但在实际工作中，往往会出现货物和发票账单不能同时到达，使两者出现时间上的脱节，如采取托收承付方式而造成收货和付款产生时间差。这时，在客观上负债已经成立，会计上按规定应作为负债进行反映，但为简化核算，平时一般不作账务处理，待收到结算凭证付款时或待月份终了时再行入账。如果月末仍有未付款的物资，则根据收料凭证分别按估价入账，月后再用红字作相同的分录冲回，以便下月按正常程序核算。

这一笔业务做得我算是又长见识了。

然后于晶又翻出了一张凭证（见图 4-4，图 4-5）："再看看这笔，这个是提供劳务的。"

我司管理部门对车辆进行维护，维护金额共计 6 000 元，款项尚未支付。作会计分录为：

借：管理费用　　　　　　　　　　　　　　　　6 000
　　贷：应付账款　　　　　　　　　　　　　　　　6 000

# 转 账 凭 证

201×年××月××日　　　　　　　　　　　　　　转字第×号

| 摘　要 | 借方科目 | 贷方科目 | 过账 | 借方金额 | | | | | | | | | | 过账 | 贷方金额 | | | | | | | | | |
|---|---|---|---|---|---|---|---|---|---|---|---|---|---|---|---|---|---|---|---|---|---|---|---|---|
| | | | | 千 | 百 | 十 | 万 | 千 | 百 | 十 | 元 | 角 | 分 | | 千 | 百 | 十 | 万 | 千 | 百 | 十 | 元 | 角 | 分 |
| 进行车辆维护，尚未付款 | 管理费用 | | | | | | | 6 | 0 | 0 | 0 | 0 | 0 | | | | | | | | | | | |
| 进行车辆维护，尚未付款 | | 应付账款——汽修公司 | | | | | | | | | | | | | | | | | 6 | 0 | 0 | 0 | 0 | 0 |
| 合　计 | | | | | | | ¥ | 6 | 0 | 0 | 0 | 0 | 0 | | | | | ¥ | 6 | 0 | 0 | 0 | 0 | 0 |

会计主管：　　记账：　　　　　复核：　　　　　制单：

图 4-4　转账凭证

偿还劳务费时，作会计分录为：

借：应付账款　　　　　　　　　　　　　　　　6 000
　　贷：银行存款　　　　　　　　　　　　　　　　6 000

# 付 款 凭 证

2015 年 5 月 4 日      第 __×__ 号

贷方科目：银行存款                  附件 __1__ 页

| 摘 要 | 借 方 科 目 | | 金 额 | | | | | | | | | | 账页或✓ |
|---|---|---|---|---|---|---|---|---|---|---|---|---|---|
| | 一级科目 | 二级科目 | 千 | 百 | 十 | 万 | 千 | 百 | 十 | 元 | 角 | 分 | |
| 偿还汽车修理劳务费 | 应付账款 | 汽修公司 | | | | | ¥ | 6 | 0 | 0 | 0 | 0 | ✓ |
| | | | | | | | | | | | | | |
| | | | | | | | | | | | | | |
| | | | | | | | | | | | | | |
| 合 计 | | | | | | | ¥ | 6 | 0 | 0 | 0 | 0 | |

会计主管：     记账：     出纳：     复核：     制单：

图 4-5 付款凭证

于晶说："做这个和做应收其实没什么区别，像台账啊，记账啊，月末对账什么的，都和应收账款一样。模块也差不多，同样都是四大块（如图 4-6）。"

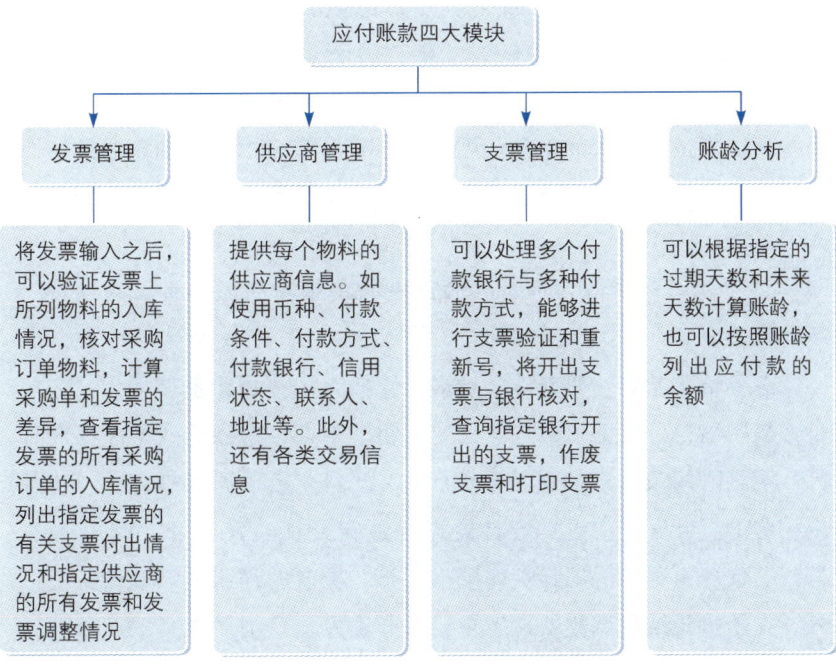

图 4-6 应付账款四大模块

说完那个，于晶神秘地对我说："其实作为一个往来科目，好多企业都通过应付账款来作弊或偷逃税款呢。"

"啊？是么？"

"是啊。什么用应付账款隐匿收入啊，以存货清偿债务，偷逃增值税销项税额和少计应纳税所得额……各种手段太多了。"于晶撇了撇嘴，"别小看了应付账款，很多公司用它来藏污纳垢，使出各种小伎俩达到不可告人的目的！"

我忙问："那如果有这些舞弊行为的话，怎么才能看出来呢？"

"那当然是有办法的啦。"于晶笑了。

检查应付账款的舞弊状况：

① 利用应付账款隐匿收入。

这种做法最常见的手段是将收入挂在"应付账款"上，如将销售收入、无形资产转让收入等隐匿在"应付账款"上。对此类舞弊的查证，应检查"银行存款"，如果"银行存款"分类账户格式增设有"对方科目"栏，应注意对该栏的审查。如在对方科目中发现有"应付账款"，则说明对应关系异常，要进一步通过账户记录找出相应的会计凭证，从而核实问题。如果"银行存款"没有增设"对方科目"栏，应结合银行存款日记账进行检查，对摘要含糊不清并且收款金额较大的业务，可以根据日记账中所说明的该业务的凭证号码，找出该记账凭证和原始凭证，就可查清是否属于隐匿收入的行为。

② 企业以存货清偿债务，偷逃增值税销项税额和少计应纳税所得额。

这种情况企业一般直接按"应付账款"的账面余额，借记"应付账款"科目，贷记"库存商品"科目。对此，应注重对"库存商品"明细账的审查。如果摘要栏为"抵债"，应根据账户记录，找出相应的会计凭证，看其会计处理是否符合《企业会计准则第12号——债务重组》的规定。如果不相符，应及时作出调账处理。另外，在所得税纳税调整上，当企业以非现金资产清偿债务时，若非现金资产的公允价值（含支付的相关税费）低于重组债务的账面价值时，新准则的规定与《企业债务重组所得税处理办法》（国家税务总局第 6 号令）所规定的所得税处理相一致，无须进行所得税的调整。

"那……咱们公司有这么干吗？"我心里一紧。

于晶笑得直不起腰来："你怎么总怀疑咱们公司会做坏事呢？我不是跟你说过嘛，咱们公司大老板多次表示过，绝不允许我们做假账，你就放心吧。"

我心里长舒了口气，讪讪笑道："这不是小心无大错嘛。"

"这倒是。"于晶点点头，"做会计谨慎点总是没错的。"

我们学了几笔，剩下的也就是重复操作了。于晶做，我在一旁看着。过了一会儿，于晶跟我说："这个科目基本就是这样了，没什么难点，剩下的也就是期末对账，到时候我实操就叫你来看。你现在休息一会吧。"

我点点头："成。"

坐回座位，我并没有休息，而是回想上学时学过的一些关于期末对账的注意事项。接触实务后，我觉得就很容易懂了。

**期末对账的注意事项**

1. 对于只提供余额无明细账目的对账资料，不予对账。

2. 对于供应商直接依据其销售部门往来资料而非财务部门账目提供对账资料的，不予对账。

3. 对于多年无业务往来的供应商前来对账，即使经过企业有权人士签批，供应商的对账资料也必须加盖供应商公章（或财务专用章），或者提供加盖公章的介绍信，否则不予对账。

4. 对于对账手续和账目资料齐全的供应商，应及时对账并出具对账单。

5. 有些供应商属于小企业或个体工商户，账目资料并不齐全，很可能缺失以前年度的账目资料，应分情况进行处理：

（1）如果今后双方继续合作，那么应就现有资料出具"有保留意见的对账单"，至少对账目齐全的年度不拖拉造成历史遗留问题。

（2）如果供应商账目不全而双方余额又不符的，这时供应商通常会同意暂时以双方较小的余额为准出具对账单，如果采购企业余额较小，就不必调整应付账款账面余额；如果供应商余额较小，采购企业就要调低应付账款账面余额，凭对账单确认（债务重组）收益，这时必须由供应商在对账单上签字并同时加盖公章。

6. 对于发票丢失又无法确认是采购企业责任的，采购企业不能在对账单上确认该项债务，应要求供应商调减该债权。

7. 采购企业财务部门如果采用手工账记账的，最难查找的就是串户错误。对方入账，账面上却没有入账，很可能是下错户，但是从手工账上查串户，非常困难，而使用财务软件的，在财务软件上查找串户就非常容易，主要是查有无该金额的发生额。

8. 为方便对账，应要求供应商下次对账时携带本次的对账单或其复印件。

# 新老师教我预收账款

总监给我指定的老师张蓉，目前是公司的成本会计，常驻在生产部，很少和我们来往。和于晶私下吃饭时，于晶告诉我，张蓉最初是部门的资金会计，后来为给凌丽空出位置，张蓉才被总监调去了做工作最繁忙的成本，所以张蓉对资金业务非常熟悉。可以说经过这样的调动，张蓉各项业务掌握得是非常全面了。

转天，从未谋面的一位姑娘来到财务部找我。当时我还并不知道她是张蓉，只觉得她很文静，说话的声音很甜美：

"你是小美吧？听说总监让我来教你资金会计的相关业务，今天你有空吗？找个地方我来教你啊。哦，忘了自我介绍了，我是张蓉。"

虽然从未与张蓉接触过，但我能感受到张蓉的真诚与大度。这令我非常的感动。

我忙从座位上站起来，向张蓉问好。张蓉也向我初露友善的微笑。她说："那就现在。你跟我去生产那边，我在办公室教你。"

在去生产管理部的路上，张蓉问了我目前学习的进度。我向她如实细说。张蓉非常有心，决定一会儿到那边先教我"预收账款"这个科目。

预收账款，是核算企业按照合同规定或交易双方的约定，而向购买单位或接受劳务的单位在未发出商品或提供劳务时预收的款项的会计科目。一般包括预收的货款、预收购货定金等。

张蓉问我："能区分预收账款和应收账款吗?"

我点点头："'预收账款'是预收的购买我们公司商品的款项，'应收账款'是对方公司买了我们的商品或劳务之后，我们应该向对方收取的款项。"

张蓉摇了摇头："这种程度的区分仅仅是停留在字面上，还不够。还要更细一些。"随后她又深入地讲了两个科目的区别。

表 4-1 　　　　　　　　　　科目的区别

|  | 预收账款 | 应收账款 |
|---|---|---|
| 科目类别 | 负债 | 资产 |
| 销售方式 | 先收钱后付货 | 先付货后收钱的 |

张蓉说："这两个科目是有本质的差别，'预收账款'在我们发货之前，对方就先把款项给了我们，但这项交易实际上并没有完成，毕竟我们只是拿了人家的钱，产品还没出我们的库存，因此预收账款对于我们公司而言属于负债，科目属性是负债类。"

张蓉随后还跟我举例，网上买东西，如果拍下来后先付款了，电商对该款其实就是预收账款，因为商品还没有出他们的库存呢。

网上购物是我最爱，张蓉举网购的例子通俗易懂，我一下子就明白了。

张蓉继续跟我解释说："应收账款则是发货之后企业的一项债权，是资产。还拿网上购物举例吧，刚才我们说是网上选好商品放入购物车后，我们立刻支付了款项。但是还有的网店可以选择货到付款。也就是说，电商发货时他们并没有收到款项，对他们来说对该笔交易形成了'应收账款'。在预收账款的账务处理中，会涉及应收账款，你区分清楚了这些，入账的时候就不会觉得迷惑了。"

我点点头之后，张蓉又问我："知道'递延收益'吗？"

递延收益是指尚待确认的收入或收益，也可以说是暂时未确认的收益，它是权责发生制在收益确认上的运用。

这下我不知道了，只好摇头。张蓉便解释说："就是暂时没有确认的收益，这个科目与'预收账款'有很多相似的地方，也是需要区分的（如图4-7）。"

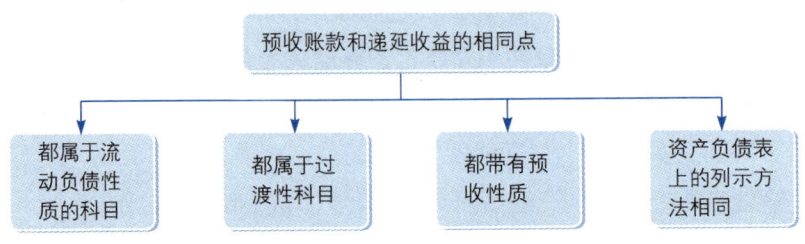

图4-7　应付账款业务流程

预收账款和递延收益的不同点：

① 核算科目不同。

递延收益用"递延收益"科目核算，预收账款用"预收账款"科目核算。

② 定义不同。

递延收益是指企业尚待确认的收入或收益，也即暂时未确认的收益，包括尚待确认的劳务收入和未实现融资收益等；预收账款则是指企业按照合同规定向购货单位或接受劳务单位预收的款项。

③ 是否递延。

递延收益需要递延，预收账款不需要递延。

递延收益和预收账款都带有预收性质，但前者需要递延，后者不需要递延，因此，两者分别通过不同的会计科目进行核算。

"区分了这两个科目，咱们就可以开始做账了。"张蓉说。

预收账款账务处理：

收到预收账款时：

借：银行存款

    贷：预收账款——××客户

开出销售发票时：

借：预收账款——××客户

    贷：主营业务收入

        应交税费——应交增值税（销项税额）

不单独设"预收账款"科目的企业，预收的账款在"应收账款"科目核算。

在"应收账款"的贷方登记收到的预收款数额：

借：银行存款/库存现金

    贷：应收账款

发出货物开出发票时，会计分录为：

借：应收账款

    贷：主营业务收入

        应交税费——应交增值税（销项税额）

张蓉说："你注意看最后一笔分录，咱们公司是增值税一般纳税人，所以要贷记一笔应交税费——应交增值税（销项税额）。如果是小规模纳税人的话，他们不单独核算增值税，也就没有这个科目。你懂吧？"

我点了点头，表示理解。

然后张蓉说："那咱们就做一笔业务试试？"

我司是增值税一般纳税人，与浩然公司签订货物价值 100 000 元的供货合同，现浩然公司向我司预付 30 000 元预付款，剩余货款在交货后付清。

张蓉说："咱们公司应征增值税税率是 17％，所以这笔货物应交的增值税是 17 000 元，现在要做收到预付款的分录，你会做吗？"

我直接写出了答案：

借：银行存款　　　　　　　　　　　　　　　　　30 000

　　贷：预收账款——浩然公司　　　　　　　　　　　　30 000

"分录和增值税完全没有关系吗？你怎么判断的？"张蓉饶有兴致地看着我。

我说："因为现在只是收到浩然公司的预付款而已，跟咱们货物的价格没有任何关系，所以就只需要借银行存款，贷预收账款了。"

张蓉点点头："说得没错。那么下一问，现在收入已经确认实现，我司开出了增值税发票，会计分录该怎么写？"

借：预收账款——浩然公司　　　　　　　　　　　117 000

　　贷：主营业务收入　　　　　　　　　　　　　　　100 000

　　　　应交税费——应交增值税（销项税额）　　　　 17 000

"这里明明没收到钱，你为什么要做借记预收账款呢？"张蓉问。

这个……我不太好意思地说："我不知道，只是因为你刚刚写的是这么做的。"

张蓉笑了笑："其实这里做预收和应收都可以，只是咱们公司既然设置了'预收账款'这个科目，为了避免混淆，这里就统一做进'预收账款'了。这也是为了方便后期的核对。"

原来如此。我点了点头，表示懂了。

张蓉再问："下一笔，我司收到了浩然公司补付的货款 87 000元，会计分录怎么写？"

借：银行存款　　　　　　　　　　　　　　　　　87 000

　　贷：预收账款——浩然公司　　　　　　　　　　　87 000

看着我写完分录，张蓉赞赏地点头："没错，就是这么做的。"

"最后，说一下关于'预收账款'挂账的问题吧。"

张蓉说："长期挂账是有审计风险的，很容易引起税务机关的注意，你做账的时候，一定要注意。"

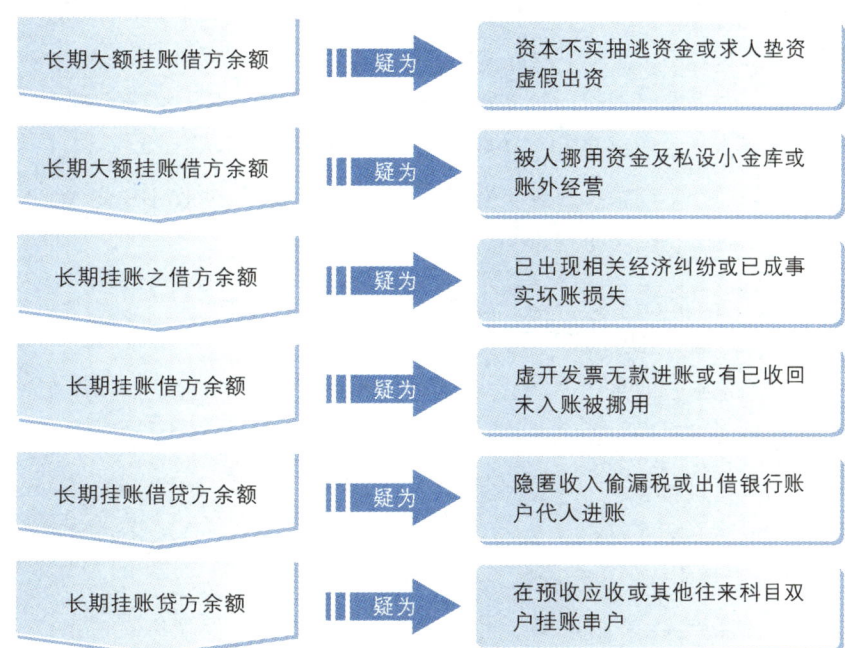

| 长期大额挂账借方余额 | 疑为 | 资本不实抽逃资金或求人垫资虚假出资 |
| 长期大额挂账借方余额 | 疑为 | 被人挪用资金及私设小金库或账外经营 |
| 长期挂账之借方余额 | 疑为 | 已出现相关经济纠纷或已成事实坏账损失 |
| 长期挂账借方余额 | 疑为 | 虚开发票无款进账或有已收回未入账被挪用 |
| 长期挂账借贷方余额 | 疑为 | 隐匿收入偷漏税或出借银行账户代人进账 |
| 长期挂账贷方余额 | 疑为 | 在预收应收或其他往来科目双户挂账串户 |

**图 4-8　预付账款六大疑**

　　张蓉所说的长期挂账款项指的是超过三年以上尚未支付或支出的款项，预付账款六大疑见图 4-8。

 **职工最关心的薪酬**

　　张蓉给我讲完，便让我拿起单据开始操作。整整一天，我一直在做分录，有不明白的地方及时向她请教。

　　临近下班的时候我回到了财务部，于晶问我："怎么样，张蓉是不是非常认真的人。对知识一丝不苟。"

　　我点点头说："嗯嗯。"

　　张蓉这样地认真让我有种吃不消的感觉。知识需要慢慢消化。

没过几天，公司发工资了。这可是我期待已久的事情。试用期的工资是转正后工资的80%，也就说，我能拿到3 200元。

我喜滋滋地等着银行的到账信息，但等到叮咚一声，信息到达我手机时，我却惊呆了——我只到账了3 080元！

难道现在工商银行已经丧心病狂到转账3 200元就收120元的手续费了吗？太令人发指了吧！

于晶见我脸色不对，问我："怎么了？你的工资算错了？"

我点点头："少了120元。"

于晶走到我的身边："怎么可能呢？你把工资条拿来我看看。"

我把工资条找出来给她，她给我分析道："你现在在试用期，没有奖金，也没有惩罚，就是基础工资3 200……啊，在这里！你有扣一笔商业意外险！"

"商业意外险？"我疑惑。

于晶点点头："试用期给上一险，商业意外险，保障你在试用期内出意外时能有一定的补助。"

这时，我突然心里一动，想起了我疑惑很久的事情："晶晶，咱们经常说的那个'五险一金'是哪五险和一金啊？"

"五险一金，就是养老保险、医疗保险、失业保险、工伤保险和生育保险，还有住房公积金咯。"于晶笑，"其实五险一金只是很一般的待遇啦。好的企业还有六险一金、六险两金和五险三金的呢！不过，差的也有只有三险一金的。"

那么，这些三险一金、六险一金、六险两金和五险三金，又是指什么呢？

说到这里，我顺便问了于晶："晶晶，职工工资该入哪个科目啊？"

于晶说："'应付职工薪酬'啊。"

应付职工薪酬是企业根据有关规定应付给职工的各种薪酬，按照"工资，奖金，津贴，补贴""职工福利""社会保险费""住房公积金""工会经费""职工教育经费""解除职工劳动关系补偿""非货币性福利""其他与获得职工提供的服务相关的支出"等应付职工薪酬项目进行明细核算。

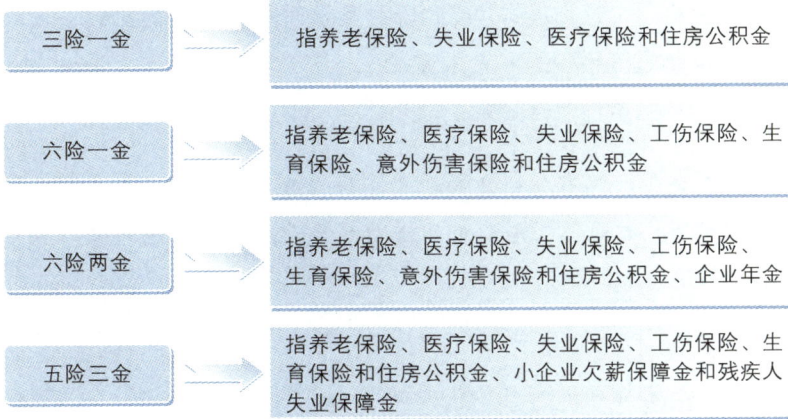

提起做账，于晶便开始给我科普了："问问你，你知道'应付职工薪酬'包含哪些东西吗？"

我问："不就是五险一金的内容吗？"

于晶摇了摇头："你这是从个人的角度来想的。'应付职工薪酬'是企业设置的，你得从企业的角度来想。凡是企业为职工支出的费用，都应该归于这个科目里（如图4-9）。"

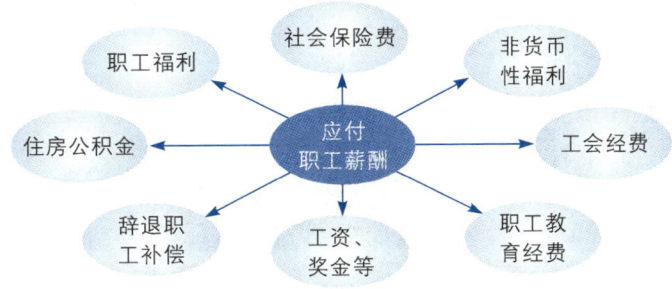

**图4-9 应付职工薪酬包括的范围**

看着于晶列出来的"应付职工薪酬"的项目，我瞠目结舌："原来公司对员工是有这么多福利的吗？"我在原来的公司可从没见到过哎。

于晶冲我眨眨眼："反正项目是这么多，至于每一项能拨多少钱，那就全凭老板的良心了。"

凭良心……这话说得漫无边际。我想凭良心不如依法律。

于晶倒是挺平和的，笑了笑说："这个科目的分录特别好做，你看一眼就知道该怎么登账了。"

①企业按照有关规定向职工支付工资、奖金、津贴、职工福利费等，或因解除与职工的劳动关系向职工给予的补偿，会计分录为：

　　借：应付职工薪酬
　　　贷：银行存款/库存现金

②企业从应付职工薪酬中扣还的各种款项（代垫的家属药费、个人所得税等），会计分录为：

　　借：应付职工薪酬
　　　贷：其他应收款
　　　　　应交税费——应交个人所得税

③企业支付工会经费和职工教育经费用于工会运作和职工培训，或按照国家有关规定缴纳社会保险费和住房公积金：

　　借：应付职工薪酬
　　　贷：银行存款

"那岂不是这个账户月末的时候有借方余额？"我觉得奇怪。

于晶摇了摇头："怎么会。这个科目月末应该是平的，金额都要入费用的。"

"像我们这样的财务人员，就是借记管理费用。"于晶说，"小美，我问你。如果公司中秋节发月饼，该入哪个科目呢？"

我没有犹豫地说："月饼属于非货币性福利，自然也应该通过应付职工薪酬核算啦。"

于晶点点头，接过我的话说："小美心很细嘛！刚才我说的知识点都记住了。"随后于晶写下了发放月饼的会计分录以及应付职工薪酬的后续处理（见图4-10）。

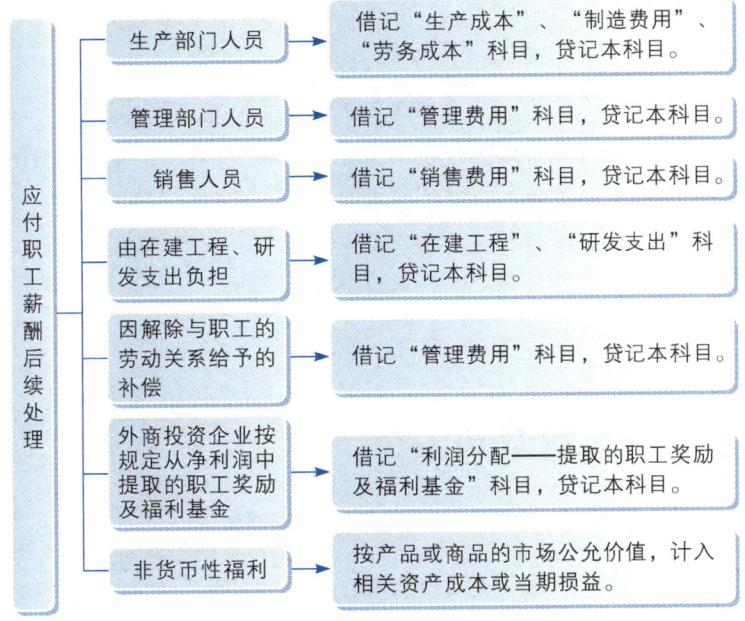

**图 4-10 应付职工薪酬的后续处理**

公司购入月饼发放给职工：

借：库存商品

    应交税费——应交增值税——进项税额

  贷：银行存款

公司将月饼发放给职工：

借：应付职工薪酬

  贷：库存商品

    应交税费——进项税额转出

公司核算人工成本时：

借：管理费用（管理人员发放的月饼金额合计）

    制造费用（生产部门发放月饼金额合计）

  贷：应付职工薪酬

于晶思路非常清晰，讲述起来让我很容易接纳。最后，她又问了我一个问题：

"发放职工的月饼作为职工福利，职工需要缴纳个人所得税吗？"

小美确实才疏学浅，还真没考虑过这个问题，摇了摇头。

于晶肯定地点了点头，说："这属于非货币性福利，应该按照发放金额计入职工收入总额中，在计算个人所得税的时候，是要考虑对职工而言的这部分收入哦！"

# 应交税费知多少

谈到工资，就免不了谈到交税。

"晶晶，我是不是得去交个人所得税啊？"我问于晶。

于晶诧异："为什么要交？"

"不是 2 000 元的起征点吗？我收入 2 800 元，得交税了呢。也不知道要去哪里交？税务局？"我很苦恼，怎么还得自己去纳税啊。

于晶笑了："你那些都是多少年前的老黄历了。2011 年的时候个税起征点就上调了，现在 3 500 元以上的才需要纳税。再说，人家纳税也是公司代缴的，要是真需要纳，会直接从你工资里扣的，你着急个啥。"

是……这样吗？

我觉得打击更大了，我居然是连纳税都不用的低收入者？

好吧，无论如何，生活还是要继续的。唯一值得安慰的是，会计是越老越吃香的。虽然我现在工资不怎么样，但以后还是会很可观的。

为了在以后我工资很可观的时候，不至于不知道以自己的收入该缴纳多少税款，我很主动地向于晶请教了个人所得税的征收办法。

个人所得税征收办法如下（表4-2）：

应纳个人所得税税额＝应纳税所得额×适用税率－速算扣除数

扣除标准：3 500元/月（2011年9月1日起正式执行）（工资、薪金所得适用）。

应纳税所得额＝扣除三险一金后月收入－扣除标准

表4-2　　　　2011年9月1日起调整后的7级超额累进税率

| 全月应纳税所得额 | 税率 | 速算扣除数（元） |
|---|---|---|
| 全月应纳税所得额不超过1 500元 | 3% | 0 |
| 全月应纳税所得额超过1 500元至4 500元 | 10% | 105 |
| 全月应纳税所得额超过4 500元至9 000元 | 20% | 555 |
| 全月应纳税所得额超过9 000元至35 000元 | 25% | 1 005 |
| 全月应纳税所得额超过35 000元至55 000元 | 30% | 2 755 |
| 全月应纳税所得额超过55 000元至80 000元 | 35% | 5 505 |
| 全月应纳税所得额超过80 000元 | 45% | 13 505 |

学会算个人所得税，我问于晶："这个应该入'应交税费'科目吧?"

于晶点点头："对。企业代扣代缴的个人所得税，都是入'应交税费'科目的。"

应交税费是指企业根据在一定时期内取得的营业收入、实现的利润等，按照现行税法规定，采用一定的计税方法计提的应缴纳的各种税费。

于晶戏谑地看着我说："考考你，应交税费包括哪些税啊?"

我掰起指头开始数："个人所得税，增值税，关税，印花税……"

"停停停!"于晶打断了我的话，"怎么还有关税?"

关税是指进出口商品在经过一国关境时，由政府设置的海关向进出口商所征收的税收。

我疑惑: "不是进出口的时候收关税吗?"

于晶摆了摆指头: "关税确实会收,但是它不入'应交税费'。"

啊!?

于晶说: "关税入账的时候,一般都直接做在购入材料的成本里了。"

"这样啊……那'应交税费到底包括哪些内容呢?(如图4-11)" 我问。

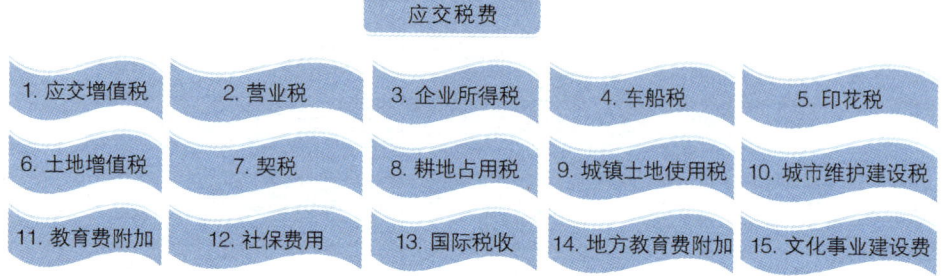

**图 4-11 应交税费包括的税种**

"这里面咱们最经常用到的,就是增值税了。"于晶说。

增值税是以商品(含应税劳务)在流转过程中产生的增值额作为计税依据而征收的一种流转税。从计税原理上说,增值税是对商品生产、流通、劳务服务中多个环节的新增价值或商品的附加值征收的一种流转税。实行价外税,也就是由消费者负担,有增值才征税没增值不征税。

于晶说: "其实增值税也是咱们国家最重要的税种之一,它占了咱们国家税收收入的60%以上哦。"

"那增值税税额是怎么计算的呢?"我问。

于晶说:"根据增值税计税公式,用应税额乘以税率就可以啦。"

应交增值税分为"进项税额""销项税额""出口退税""进项税额转出""已交税金"等设置专栏。

其中各项明细是:

销项税额:是指纳税人提供应税服务按照销售额和增值税税率

计算的增值税额。

进项税额：是指纳税人购进货物或者接受加工修理修配劳务和应税服务，支付或者负担的增值税税额。

应纳税额 = 当期销项税额 − 当期进项税额

销项税额 = 销售额 × 税率

销售额 = 含税销售额 ÷ （1 + 税率）

我问："那税率是多少呢？是固定的吗？"

于晶说："对于一个特定的对象，税率是固定的。不过纳税人分为一般纳税人和小规模纳税人，他们的增值税征收可不是一致的哦！"

一般纳税人是指年应征增值税销售额（包括一个公历年度内的全部应税销售额）超过财政部规定的小规模纳税人标准的企业和企业性单位。一般纳税人的特点是增值税进项税额可以抵扣销项税额（表 4-3）。

表 4-3                                税率与征收率

| 按纳税人划分 | 税率或征收率 | 适用范围 |
| --- | --- | --- |
| 一般纳税人 | 基本税率为 17% | 销售或进口货物、提供应税劳务 |
| | 低税率为 13% | 销售或进口税法列举的货物 |
| | 零税率 | 纳税人出口货物 |
| | 征收率 | 采用简易办法征税适用 4% 或 6% 的征收率 |
| 小规模纳税人 | 征收率 4%、6% | 2009 年 1 月 1 日前商业 4%，其他小规模纳税人 6% |
| | 3% | 2009 年 1 月 1 日起一律降至 3% |

小规模纳税人是指年销售额在规定标准以下，并且会计核算不健全，不能按规定报送有关税务资料的增值税纳税人。所称会计核算不健全是指不能正确核算增值税的销项税额、进项税额和应纳税额。

于晶说："一般纳税人销售商品，开出的是增值税专用发票。

小规模纳税人销售商品，开出的是普通发票。一般纳税人拿到增值税专用发票，可以用来纳税时的抵扣。而小规模纳税人就算拿到了增值税专用发票，他也是不能抵扣的。这个在实操的时候，是要注意的。"

我点点头表示知道了，然后问她："那应交增值税的会计分录都是怎么写的?"

"这个一般纳税人和小规模纳税人的分录是不一样的，你先看看吧。"于晶边写边对我说。

一般纳税人购进货物的会计分录：

借：库存商品

　　应交税费——应交增值税（进项税额）

　贷：银行存款等

一般纳税人销售货物的会计分录：

借：应收账款

　贷：主营业务收入

　　　应交税费——应交增值税（销项税额）

小规模纳税企业购进货物的会计处理：

支付的增值税计入货物成本。

借：原材料

　贷：银行存款

小规模纳税企业销售货物的会计处理：

$$销售额 = 含税销售额 \div (1 + 征收率)$$

借：应收账款

　贷：主营业务收入（不含税收入）

　　　应交税费——应交增值税

于晶解释说："咱们企业是一般纳税人，核定的增值税税率只有一档，就是 17%，所以咱们的销项税额的税率就是 17%。如果购入免税农产品的，可以按买价和规定的扣除率计算进项税额，并且也能从销项税额中扣除。这也是国家鼓励农业的一个政策吧。"

我点了点头表示理解，接着她就说："其实还有一种视同销售的会计处理，就是一般纳税人购建办公楼等不动产领用本企业产品时，要确认销项税额，将其计入工程成本的。"

这时的会计分录为：

借：在建工程
　贷：库存商品
　　　应交税费——应交增值税（销项税额）

这时，我就有一个疑问了："晶晶，既然农产品免税可以抵扣，那有没有商品交税了却不能抵扣的呢？"

于晶点点头："当然有了。遇到这种情况，咱们处理的时候就要直接将其计入取得货物的成本了。不过还有一种情况，就是咱们购入货物的时候不能直接认定其进项税额能否抵扣的，那就要按照其增值税专用发票上注明的增值税额，记入"应交税费——应交增值税（进项税额）"科目了。如果这部分购入货物以后用于按规定不得抵扣进项税额项目的，就要将原已计入进项税额并已支付的增值税再转入有关的承担者予以承担。同时再做一个转出的分录：

借：在建工程（应付职工薪酬）等
　贷：应交税费——应交增值税（进项税额转出）

就像刚才我说公司购入月饼作为福利发放给职工，发放的时候需要做这样的分录。将增值税进项税额转出。"

于晶写完这笔分录，又补充道："其实这里也有视同销售的交税了却不能抵扣的事项，比如购建机器设备等生产经营用（动产）固定资产领用原材料，原材料的进项税额就不能抵扣。"

购建机器设备等生产经营用（动产）固定资产领用原材料，进项税额不需要转入在建工程。会计分录为：

借：在建工程
　贷：原材料

购建办公楼等不动产领用原材料，应将进项税额转入在建工程。会计分录为：

借：在建工程

　贷：原材料

　　应交税费——应交增值税（进项税额转出）

"说到这里，我又想起了一个免税品可以抵减的例子了。"于晶笑道，"你知道咱们如果成为了一般纳税人，税局就会让我们去买增值税税控系统吧？购买这个设备的费用是可以按规定抵减一定的增值税应纳税额的，但是它本身是免税的呢。"

购买增值税税控系统专用设备和技术维护费用抵减增值税税额的会计处理：

① 增值税一般纳税人的会计处理：

借：固定资产

　贷：银行存款等

借：应交税费——应交增值税（减免税款）

　贷：递延收益

借：管理费用

　贷：累计折旧

同时，

借：递延收益

　贷：管理费用

一般纳税人发生技术维护费时，会计处理为：

借：管理费用

　贷：银行存款

借：应交税费——应交增值税（减免税款）

　贷：管理费用

② 小规模纳税人的会计处理：

借：固定资产

　　贷：银行存款

借：应交税费——应交增值税

　　贷：递延收益

借：管理费用

　　贷：累计折旧

同时，

借：递延收益

　　贷：管理费用

**小规模纳税人发生技术维护费时会计处理为：**

借：管理费用

　　贷：银行存款

借：应交税费——应交增值税

　　贷：管理费用

"应交税费——应交增值税"科目期末如为借方余额，应根据其流动性在资产负债表中的"其他流动资产"项目或"其他非流动资产"项目列示；如为贷方余额，应在资产负债表中的"应交税费"项目列示。

说到这里，我突然有了一个疑惑："晶晶，你一直在说税局税局，我记得好像有一个国税局，一个地税局吧，那这些税款到底是交给国税局还是地税局呢？"

"这就是个问题了。"于晶皱了皱鼻子，说，"像增值税、所得税这样的税款，都是交给国税局的。但是营业税、契税啊，城市维护建设税啊这样的税，却都是交给地税局的。不过2002年之前成立的企业，企业所得税还是要缴纳给地方税务局。这样的东西，对你们新人而言是很难分辨的。不过其实知道不知道都无关大局，如果你要办税的时候，你上了办税的界面就会发现你要交的税的种类都已经出现在你的税务软件上啦。其实公司刚刚设立的时候，会有一次核定税种，你要是经历过那个过程就会知道，哪个税局收哪种税，就会给你开出相应税种的税率核定。你要是有工夫的话，去那边的档案室里找一找，说不定还能找出我们公司当年核定税种的通知单呢！"

原来是这样啊！

我快速地记录着笔记，感觉自己瞬间长了不少见识啊！

## 开了票据要还的

紧接着，还是要继续跟着张蓉学习资金会计业务。

"今天咱们要学的是应付票据的支付。"张蓉问我，"知道应付票据包括哪些吗？"

应付票据是指企业在商品购销活动和对工程价款进行结算因采用商业汇票结算方式而发生的，由出票人出票，委托付款人在指定日期无条件支付确定的金额给收款人或者票据的持票人的商业汇票。

这个我才刚刚预习过，我胸有成竹地答道："包括商业承兑汇票和银行承兑汇票。"

张蓉点点头："对，就是这两种。不过对做账而言，应付票据主要是分为长期应付票据和短期应付票据。而短期应付票据当中，又主要区分带息应付票据和不带息应付票据这两种，它们的入账方式各不相同（如图4-13）。"

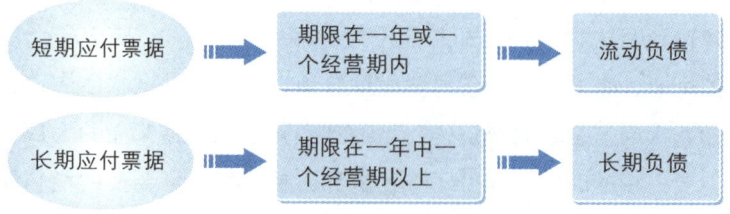

图4-13　应付账款业务流程

应付票据的会计处理：

① 不带息应付票据：

企业开出、承兑或以汇票抵付应付账款时，

借：材料采购

应交税费——应交增值税——进项税款

库存商品/应付账款

贷：应付票据

支付汇票手续费时，作财务费用处理，

借：财务费用

贷：银行存款

到期兑付时，

借：应付票据

贷：银行存款

如果到期无力支付，应将应付票据的账面余额转入"应付账款"。

② 带息应付票据：

汇票应于期末计算应付利息，计入当期财务费用。

借：财务费用

贷：应付票据

介绍完这些，张蓉便拿出了一张票据给我："这张是咱们公司这个月开出来的，面值 117 000 元，不带息。支付给浩然公司的材料款，材料 100 000 元，增值税额 17 000 元。你觉得这笔分录应该怎么做？"

我想了想，提笔写到——

| | |
|---|---|
| 借：材料采购 | 100 000 |
| 应交税费——应交增值税——进项税额 | 17 000 |
| 贷：应付票据——浩然公司 | 117 000 |

拿给张蓉看，张蓉点了点头："对，就是这么做的。"然后她又提问，"那如果我们开出的这张商业汇票是银行承兑汇票，已缴纳了 58.5 元手续费，你觉得这 58.5 元该怎么入账呢？"

我提笔写——

借：财务费用                                              58.5
　　贷：银行存款                                          58.5

张蓉点点头，又出了一问："这张商业汇票到期，我们通过银行存款支付货款，分录该怎么做？"

我写到：

借：应付票据——浩然公司                           117 000
　　贷：银行存款                                   117 000

张蓉再问："那如果这张汇票到期了，咱们公司没钱付款呢？"

这个……我停下了笔，看了眼笔记，找到了答案——

借：应付票据——浩然公司                           117 000
　　贷：应付账款——浩然公司                       117 000

"不错，全都对了。"张蓉话锋一转，"既然你的应付票据没有问题了，那咱们就开始下一个吧，应付债券科目。"

应付债券是指企业为筹集长期资金而实际发行的债券及应付的利息，它是企业筹集长期资金的一种重要方式。企业发行债券的价格受同期银行存款利率的影响较大，一般情况下，企业可以按面值发行、溢价发行和折价发行债券。

"张姐，这个应付债券就是像国债那样的东西吗？"我好奇地问。

张蓉点点头："国债对国家来说，就是一项应付债券。对我们普通的公司而言，在经过批准之后发行公司债券以达到融资的目的，发行的这些债券就要记入'应付债券'这个科目。"

见我点头后，张蓉又继续说："发行债券的时候，公司主要就是要区分好按面值发行、溢价发行和折价发行这三种发行方式（如图4-14）。"

张蓉说："无论以什么发行方式发行，企业发行债券的时候，会计分录都是按实际收到的款项，借记"银行存款"等科目，按债券票面价值，贷记"应付债券——面值"科目，按实际收到的款项与票面价值之间的差额，贷记或借记"应付债券——利息调整"科

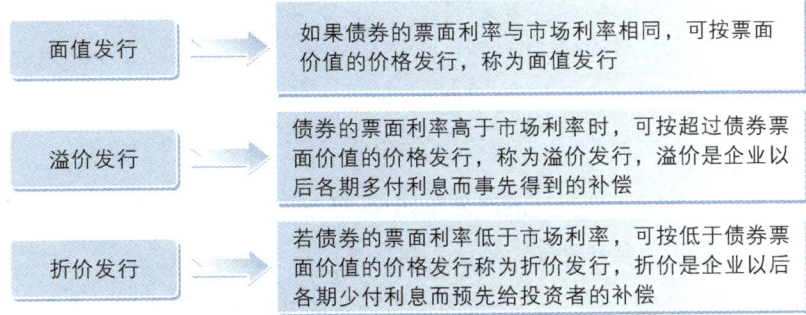

| 面值发行 | → | 如果债券的票面利率与市场利率相同，可按票面价值的价格发行，称为面值发行 |
| 溢价发行 | → | 债券的票面利率高于市场利率时，可按超过债券票面价值的价格发行，称为溢价发行，溢价是企业以后各期多付利息而事先得到的补偿 |
| 折价发行 | → | 若债券的票面利率低于市场利率，可按低于债券票面价值的价格发行称为折价发行，折价是企业以后各期少付利息而预先给投资者的补偿 |

**图4-14 债券发行的三种方式**

目，这一点比较简单。而债券发行之后的利息调整和偿还应付债券，就要从一次还本付息和分期付息一次还本这两种情况来考虑了。"

到期一次还本付息和分期付息、一次还本，这是企业发行债券的两种方式。

① 当企业采用到期一次还本付息的债券发行方式时：

资产负债表日，企业调整利息的会计分录为：

借：在建工程/制造费用/财务费用等

　贷：应付债券——应计利息

　　　应付债券——利息调整（可在借方）

其中，"在建工程/制造费用/财务费用等"，按摊余成本和实际利率计算确定的债券利息费用。

"应付债券——应计利息"科目，按票面利率计算确定的应付未付利息。

"应付债券——利息调整"科目为以上两个科目的差额。

偿还应付债券时，企业入账的会计分录为：

借：应付债券——面值

　　应付债券——应计利息

　贷：银行存款

② 当企业采用分期付息、一次还本的债券发行方式时：

资产负债表日，企业调整利息的会计分录为：

借：在建工程/制造费用/财务费用等

　贷：应付利息

　　应付债券——利息调整（可在借方）

其中，"在建工程/制造费用/财务费用等"，按应付债券的摊余成本和实际利率计算确定的债券利息费用。

"应付利息"科目，是按票面利率计算确定的应付未付利息。

"应付债券——利息调整"科目为以上两个科目的差额。

偿还应付债券时，企业入账的会计分录为：

A. 每期支付利息时，

借：应付利息

　贷：银行存款

B. 债券到期偿还本金并支付最后一期利息时，

借：应付债券——面值

　　在建工程/财务费用/制造费用等

　贷：银行存款

　　应付债券——利息调整

张蓉讲完，我的眼睛里转起了蚊香圈。这些知识倒不是很难，主要是各种情况各种科目纠缠在一起，让我有点分不太清楚。

张蓉见状，便干脆找出了去年资产负债表日所做的公司债券的业务给我练手了。

2013年1月1日，我司经批准发行5年期一次还本、分期付息的公司债券60 000 000元，债券利息在每年12月31日支付，票面利率为年利率6%。假定债券发行时的市场利率为5%。

那么我司该批债券实际发行价格为：

$$60\,00\,0\,000 \times (P/S, 5\%, 5) + 60\,000\,000 \times 6\% \times (P/A, 5\%, 5)$$
$$= 60\,000\,000 \times 0.783\,5 + 60\,000\,000 \times 6\% \times 4.329\,5$$
$$= 62\,596\,200(元)$$

我司根据上述资料，采用实际利率法和摊余成本计算确定的利息费用如表4-4所示。

表 4-4 利息费用表

| 日　期 | 现金流出 (a) | 实际利息费用 (b)＝期初 (d)×5% | 已偿还的 本金 (c)＝ (a)－(b) | 摊余成本余额 (d)＝期初 (d)－(c) |
|---|---|---|---|---|
| 2013 年 01 月 01 日 | | | | 62 596 200 |
| 2013 年 12 月 31 日 | 3 600 000 | 3 129 810 | 470 190 | 62 126 010 |
| 2014 年 12 月 31 日 | 3 600 000 | 3 106 300.50 | 493 699.50 | 61 632 310.50 |
| 2015 年 12 月 31 日 | 3 600 000 | 3 081 615.53 | 518 384.47 | 61 113 926.03 |
| 2016 年 12 月 31 日 | 3 600 000 | 3 055 696.30 | 544 303.70 | 60 569 622.33 |
| 2017 年 12 月 31 日 | 3 600 000 | 3 030 377.67* | 569 622.33 | 60 000 000 |
| 小　计 | 18 000 000 | 15 403 800 | 2 596 200 | 60 000 000 |
| 2017 年 12 月 31 日 | 60 000 000 | — | 60 000 000 | 0 |
| 合　计 | 78 000 000 | 15 403 800 | 62 596 200 | — |

*尾数调整：60 000 000＋3 600 000－60 569 622.33＝3 030 377.67（元）

我司的账务处理如下：

(1) 2013 年 1 月 1 日，发行债券时：

借：银行存款　　　　　　　　　　　　　　　　62 596 200

　贷：应付债券——面值　　　　　　　　　　　60 000 000

　　　　　——利息调整　　　　　　　　　　　 2 596 200

(2) 2013 年 12 月 31 日，计算利息费用时：

借：财务费用（或在建工程）　　　　　　　　　 3 129 810

　　应付债券——利息调整　　　　　　　　　　　 470 190

　贷：应付利息　　　　　　　　　　　　　　　 3 600 000

(3) 2013 年 12 月 31 日，支付利息时：

借：应付利息　　　　　　　　　　　　　　　　 3 600 000

　贷：银行存款　　　　　　　　　　　　　　　 3 600 000

2014 年、2015 年、2016 年确认利息费用的会计分录与 2013 年相同，金额与利息费用一览表的对应金额一致。

　　（4）2017 年 12 月 31 日，归还债券本金及最后一期利息费用时：

借：财务费用（或在建工程）　　　　　　3 030 377.67

　　应付债券——面值　　　　　　　　　60 000 000.00

　　　　　　——利息调整　　　　　　　　596 622.33

贷：银行存款　　　　　　　　　　　　63 600 000.00

　　"跟着业务来回顾知识点，是不是更直观一点？"张蓉问我。

　　那当然了。把业务的步骤一步一步地和操作方法核对印证，才能更深刻地体会到遇到这种业务的时候具体该怎么做的嘛！

　　我兴致勃勃地对张蓉说："张姐，你再给我一个应付债券的业务给我练练手吧。"说不定这一次我可以自己独立作出来呢！

　　张蓉顿时笑了，一指头戳我脑门上："还再来一个业务！你当我们公司有多缺钱？年年都要发行债券的吗？"

　　哎……也对哦。

　　我略沮丧地嘟了下嘴，那只好就拿着 2013 年的这笔业务来验证了。

　　这时张蓉跟我说："其实公司债券里还有一种特殊的债券，叫可转债。你有兴趣的话可以了解一下，将来进了上市公司说不定会遇到哦！"

　　可转债，即可转换债券，是指其持有者可以在一定时期内按一定比例或价格将之转换成一定数量的另一种证券的证券。它是一种可以在特定时间、按特定条件转换为普通股票的特殊企业债券。可转换债券兼具债权和期权的特征。

　　张蓉把这些资料都放在桌子上之后，对我说："你好好看吧。我跟你讲的公司业务你一定要熟练，像可转债这样的知识你也要看一看。业务知识知道得多一些，对你未来总是有好处的。我去做账啦。"

　　我答应了一声，看着她匆匆离开的背影，心里忽然涌起了一股感动。我想，虽然她和凌丽有矛盾，但她教我却不只是想让我取代凌丽而已。她的工作那么忙，却还是尽量地为我找案例来联系，还教我业务不用的会计常识……她是真的为了我好。她是一个合格的，值得我尊重的老师。

而正因如此，我才更需要努力。因为只有学好业务我才能留在公司，度过这存在诸多变数的实习期。这也是我对每位帮助过我的朋友们最好的回馈。

我拿着那一沓资料，更加坚定了要努力下去的信念。加油，小美！

 **借款一借七八年**

别看张蓉看起来有点小女人的味道，但是对业务知识的一些细节总是寻根问底，坚定执著。做起事情总是有始有终，善始善终。第二天，她开始跟我讲长期借款。

"当你跟人借一笔钱，说好十天半个月就还给人家，这叫短期借款。那如果你借款一借就是七八年呢？"她问我。

我想了想，说："叫'长期借款'？"

长期借款，是指企业向银行或其他金融机构借入的期限在一年以上（不含一年）或超过一年的一个营业周期以上的各项借款。

张蓉点点头："长期借款的借入和偿还，都分别有几种方式。做业务时，你要留意是什么情况（如图4-15）。"

听到这里，我不由插话了："张姐，这些借入和偿还的方式和借钱的期限是不是有关系啊？比如如果我借了八年的话，银行为了别让这笔借款变成烂账，就让我把这笔钱必须存在银行里，由他们监督着使用之类的？"

张蓉摇了摇头："没这种联系。如果是为了降低贷款风险的话，银行会对借款企业提出必要条件的。比如借款的企业应该具有法人

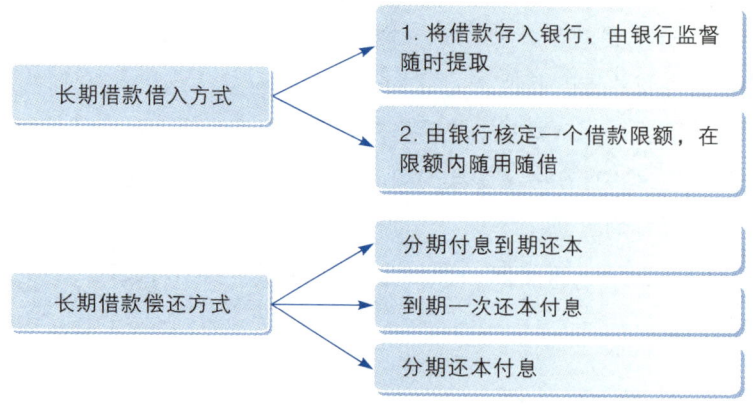

**图4-15　长期借款的借入与偿还方式**

资格，借款企业具有一定的物资和财产保证，如果由第三方担保，则担保单位应具有相应的经济实力；借款企业每个经营周期都应有足够的净现金流入量的支付当期本息之类的（如图4-16）。"

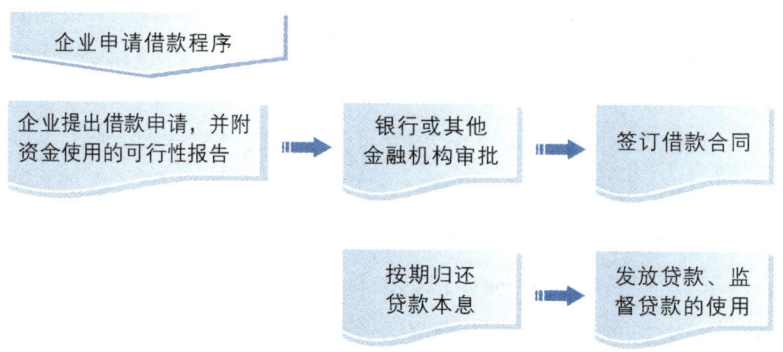

**图4-16　企业申请借款的流程**

原来是这样呀。我点头表示明白。银行果然不会留下有可能对他们造成损失的漏洞，难怪会有人拿工商银行来戏称为"爱存不存（ICBC）"呢！

讲完了借款，接下来自然就是业务处理了。

张蓉说："长期借款利息的入账是一个难点，既要辨别它的计算方法，又要根据不同的情况作出不同的入账处理（如图4-17）。"

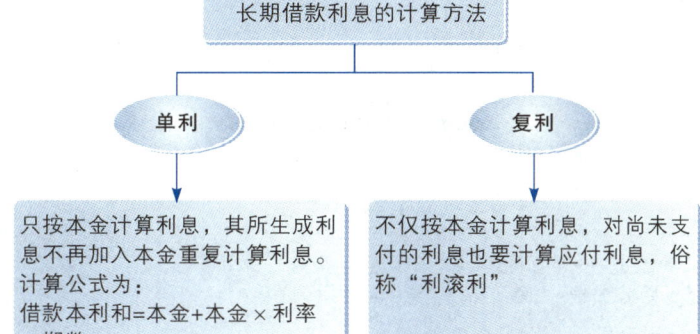

图 4-17　长期借款计息方法

"那咱们国内，贷款是单利计算还是复利计算啊?"我问。

张蓉说："那得看情况。具体用哪种计息方式来计算，在原始单据上是肯定会注明的。你如果要做这种业务，在计算之前去确认一下就行了。"

我点点头，然后张蓉说："长期借款利息的处理主要分为两种，资本化和费用化，具体是哪种处理也要根据情况来看。"

长期借款利息的处理:

长期借款利息的处理:一是在发生时直接确认为当期费用（即费用化），另一方法则是于发生时直接计入该项资产（即资本化）。具体做法是:

（1）为购建固定资产而发生的长期借款利息，在固定资产达到预定可使用状态之前所发生的，计入所建固定资产价值，予以资本化。

（2）为购建固定资产而发生的长期借款利息，在固定资产达到预定可使用状态之后所发生的，直接计入当期损益，予以费用化。

（3）属于流动负债性质的借款利息，或者虽然是长期负债性质但不是用于购建固定资产的借款利息，直接计入当期损益。

（4）为进行投资而发生的借款利息，直接计入当期损益。

（5）筹建期间发生的长期借款利息（除为购建固定资产而发生的长期借款利息外），应当根据其发生额先计入长期待摊费用，然后在开始生产经营当月一次性计入当期损益。

说完借款利息的入账，接下来自然就是长期借款的入账了（如图 4-18）。

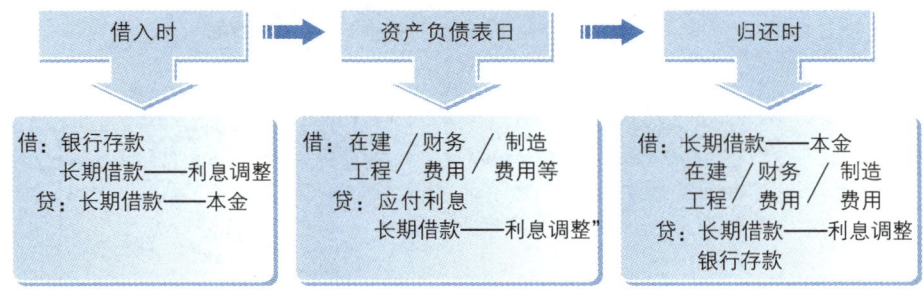

**图 4-18　长期借款账务处理**

张蓉这次给我看的业务题，是 2012 年借入的一笔贷款。

2012 年 9 月 1 日，我司因为资金欠缺，向银行贷款 1 500 000 元，款项存在银行由银行监督提取。借款利率为 9%，每年付息一次。该笔贷款将于 2014 年 9 月 1 日到期还本，涉及的会计分录为：

2012 年 9 月 1 日，取得借款的会计分录为：

借：银行存款　　　　　　　　　　　　　　　　1 500 000

　　贷：长期借款——本金　　　　　　　　　　　　　1 500 000

2012 年 12 月 31 日，第一次付息的会计分录为：

　　　　借款利息 = 1 500 000×9%÷12×4 = 45 000（元）

借：应付利息　　　　　　　　　　　　　　　　45 000

　　贷：银行存款　　　　　　　　　　　　　　　　45 000

2013 年 12 月 31 日，第二次付息的会计分录为：

　　　　借款利息 = 1 500 000×9% = 135 000（元）

借：应付利息　　　　　　　　　　　　　　　　135 000

　　贷：银行存款　　　　　　　　　　　　　　　　135 000

2014 年 9 月 1 日，最后一次付息并还本的会计分录为：

　　　　借款利息 = 1 500 000×9%÷12×8 = 90 000（元）

| 借：应付利息 | 90 000 |
|---|---|
| 贷：银行存款 | 90 000 |

| 借：长期借款——本金 | 1 500 000 |
|---|---|
| 贷：银行存款 | 1 500 000 |

我看完整个过程，摸了摸下巴："张姐，这个看起来倒是不难啊。"

张蓉笑笑："本来就不难。唯一要注意的是每年别忘了做付利息的分录，但其实每次到要付息的时候，银行就会给我们发通知的。到时候把银行通知函的金额核对一下，然后入账就可以了。"

说的也是。这就像当初我学会计一样，看着几张会计报表就像看天书，急得都快哭了，心里想我什么时候才能看懂这么复杂的表啊？但其实跟着于晶，张姐还有钱宇凡逐渐学习了各项业务之后，现在看会计报表，其实也就那么回事儿。

我想，世上本来是没有难事儿的，只有你看着目标不动的时候，才会觉得它难。但只要你开始行动，那目标也就近在眼前了。

是的，只要开始，成功就已经近在眼前。怀着这样的信念，我继续听着张蓉的讲课。

"接下来要讲的是长期应付款。"张蓉说。

会计业务中的长期应付款是指除了长期借款和应付债券以外的其他多种长期应付款，主要有应付补偿贸易引进设备款和应付融资租入固定资产租赁费等。

张蓉说："长期应付款主要涉及补偿贸易和融资租入固定资产这两种业务的处理。"

"从字面上，你觉得补偿贸易引进设备是什么意思？"张蓉问我。

这可就难到我了。补偿我懂，贸易我也懂，但补偿贸易我就不懂了。至于"补偿贸易引进设备"，我只能说这是补偿贸易引进的设备，但这究竟是个什么东西，我还真不知道！

张蓉见我一脸迷茫，也不为难我，直接给出了答案。

国际贸易中以产品偿付进口设备、技术等费用的贸易方式。它既是一种贸易方式，也是一种利用外资的形式。

其基本特点是：买方以赊购形式向卖方购进机器设备、技术知识等，兴建工厂企业，投产后以所生产的全部产品、部分产品或双方商定的其他商品，在一定期限内，逐步偿还贷款本息。

我听完有点懂了："就是说，这是一种赊购的，还款期很长的用产品来偿还费用的贸易方式，对吧？"

张蓉点点头："这种比较多，不过也有不是用产品来偿还费用的（如图4-19）。"

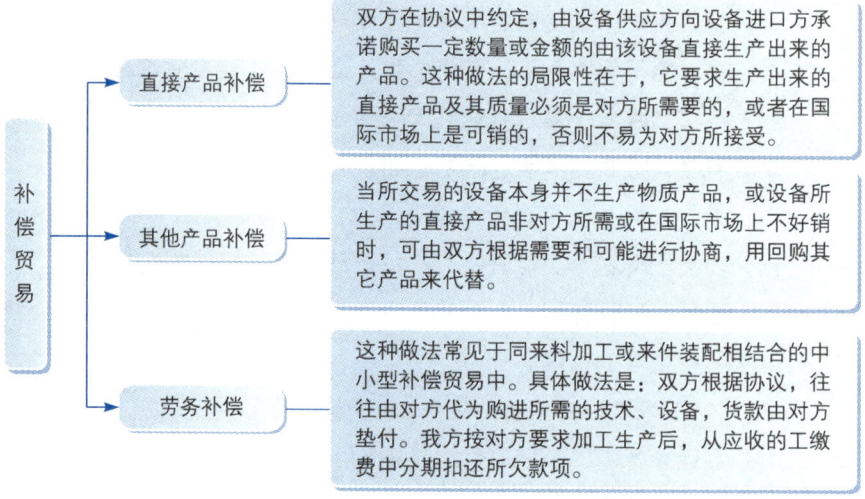

补偿贸易

直接产品补偿　双方在协议中约定，由设备供应方向设备进口方承诺购买一定数量或金额的由该设备直接生产出来的产品。这种做法的局限性在于，它要求生产出来的直接产品及其质量必须是对方所需要的，或者在国际市场上是可销的，否则不易为对方所接受。

其他产品补偿　当所交易的设备本身并不生产物质产品，或设备所生产的直接产品非对方所需或在国际市场上不好销时，可由双方根据需要和可能进行协商，用回购其它产品来代替。

劳务补偿　这种做法常见于同来料加工或来件装配相结合的中小型补偿贸易中。具体做法是：双方根据协议，往往由对方代为购进所需的技术、设备，货款由对方垫付。我方按对方要求加工生产后，从应收的工缴费中分期扣还所欠款项。

**图4-19　补偿贸易的形式**

"那这种贸易业务该怎么进行会计处理呢？"我问。

张蓉说："引进的时候，借记"固定资产"科目，贷记"长期应付款"科目。如果用产品归还设备价款的时候，借记"长期应付款"，贷记"主营业务收入"科目。"

在会计核算时，一方面引进设备的资产价值以及相应的负债，作为本企业的一项资产和一项负债，在资产负债表中，分别包括在"固定资产"和"长期应付款"项目中；另一方面，用产品归还设备价款时，视同产品销售。

"就这么简单?"我诧异。

张蓉点了点头:"就这么简单。复杂一点的是融资租赁,我国核算它的方法是净价法,不过实际上它的核算方法有两种。"

在核算之前,首先要做的是融资租赁的认定。

实际应用中,凡是满足以下条件之一,即可认定为融资租赁:

① 租赁资产性质特殊,如果不作较大改造,只有承租人才能使用。这条标准是指,租赁资产是出租人根据承租人对资产型号、规格等方面的特殊要求专门购买或建造的,具有专购、专用性质。

② 就承租人而言,租赁开始日最低租赁付款额的现值几乎相当于租赁开始日租赁资产的公允价值。这里的"几乎相当于"掌握在 90%(含 90%)以上。

③ 租赁期占租赁资产使用寿命的大部分。这里的"大部分"掌握在租赁期占租赁开始日租赁资产使用寿命的 75% 以上(含 75%)。

④ 承租人有购买租赁资产的选择权,所订立购价预计远低于行使选择权时租赁资产的公允价值,因而在租赁开始日就可合理地确定承租人将会行使这种选择权。

⑤ 在租赁期届满时,资产的所有权转移给承租人。即如果在租赁协议中已经约定,或者根据其他条件在租赁开始日就可以合理地判断,租赁期届满时出租人会将资产的所有权转移给承租人,那么该项租赁应当认定为融资租赁。

"其实对于融资租入固定资产这种业务,美国是总价法和净价法这两种方法都可以的,只不过我们国家并不认可总价法。但是你也可以学习一下(如图 4-20)。"张蓉说。

应付融资租赁款的核算:

(1)租赁日的会计处理:

借:固定资产

　　未确认融资费用

　贷:长期应付款——应付融资租赁款

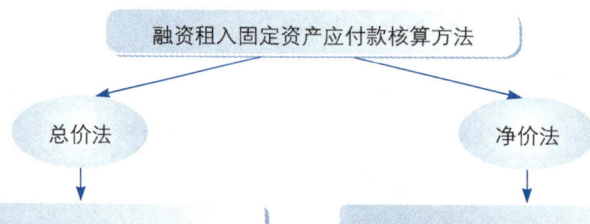

图4-20　融资租入固定资产应付款核算方法

其中，

"固定资产"账户按租赁开始日租入资产的原账面价值与最低租赁付款额的现值两者中较低者作为入账价值。

"长期应付款——应付融资租赁款"账户按最低租赁付款额。

"未确认融资费用"账户为前两者的差额。

(2) 按期支付融资租赁费时的会计处理：

借：长期应付款——应付融资租赁款

　　贷：银行存款

(3) 租赁期满时，如合同规定将设备所有权转归承租企业，应当进行转账，将固定资产从"融资租入固定资产"明细科目转入有关明细账户。例如：

借：固定资产——生产用固定资产

　　贷：固定资产——融资租赁固定资产

我好奇地问："张姐，咱们公司有融资租赁的资产吗？"

我觉得这种方式简直是打开了我新世界的大门哎。竟然还有拿货付租金，到期了货品就归自己了的好事儿，简直让我都想去融资租赁一个什么了呢！

张蓉点了点头说："有啊。像咱们办公室里放的打印机，那就是融资租赁的。你不要觉得这种方式很稀奇，其实改革开放之后，咱们国内已经诞生了成千上万种新型的商业形式，而且绝对都有利可图。其实想想也知道了，如果没有利润又怎么会有商人去做呢？"

我想想，觉得也是啊。不说货币的时间价值问题，就是融资租赁的那笔租金也定然是不菲的。我想去占人家的便宜，但说不定到最后被占便宜的是谁呢，毕竟人家才是老奸巨猾的商人嘛！

这么一想，我便打消了融资租赁的想法。唉，还是认真学业务吧。我等着当上财务经理，出任 CFO，迎娶高富帅，登上人生巅峰呢！

## 智破总监圈套

认识到"其他应付款"这个科目，是因为一个突如其来的任务。

其他应付款是指企业在商品交易业务以外发生的应付和暂收款项。指企业除应付票据、应付账款、应付工资、应付利润等以外的应付、暂收其他单位或个人的款项。

这天，我正要去张蓉处继续学习业务，总监却突然丢给了我一份资料："这份退休金统筹的资料，你快点审核了给出纳送过去，让她今天就安排打款。"

什么退休金统筹……我莫名其妙，正要问他怎么审核，他却已经离开了。这明摆着就是不想告诉我吗？

这下只有自己来想办法解决了。我先是问了于晶，但她也没接触过这块业务。我只好拿着这份资料又去找张蓉。

张蓉看了一眼，给了我意见："这应该是今年出台的新政策，没有资料可以参考。不过我可以告诉你，统筹退休金是应付给政府的费用，应该记入其他应付款科目，至于费用，这是为组织和管理生产经营活动而发生的费用，应该计入管理费用。"

所以我司实行退休金统筹，按规定标准计提统筹退休金的会计分录应该为：

借：管理费用——劳动保险费
　　贷：其他应付款——应付统筹退休金

"那这张单到底该怎么审呢？"我都急死了。

张蓉诧异地看我："审单的规则你还不懂吗？看收付款单位有没有写错，金额是否有误，日期对不对，再看看用途，看看需不需要原始资料，若是需要的资料有没有附上……全部核对无误了就签字，有问题就打回去，就这样。"

原来如此……我拿着那张单回去，毫无意外地发现了这张单缺少了原始资料。心里冷哼，果然是在给我下套子。

把单据退回给总监时，我说："您把这张单退回去吧，没有老总对这个文件的批示，这张单不能批啊。"

而总监微微诧异的目光，让我心里大为暗爽。还有半个月我就要功德圆满，成功渡过试用期了，我不会给他们这些对我心怀恶意的人任何机会的！

既然发生了这件事，当天张蓉教我的业务自然就是关于其他应付款的了。其他应付款大体包括三类（如图4-21）。

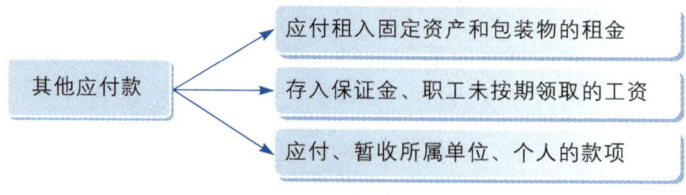

图4-21　其他应付款包含范围

张蓉说："你知道吗，其他应付款科目可以说是个万金油，但也往往是金额过大，发生财务混乱的地方。"

"是吗?"我很惊讶。

张蓉点点头："错填、乱填和挂错账……很多人都不知道这个科目的账到底该怎么做，又有哪些业务是可以做进这个科目。"

"那这个科目的业务该怎么做呢?"我问。

张蓉说："大概有三个方面吧，企业发生各种应付、暂收或退回有关款项，支付有关款项，以及采用售后回购方式融入资金，这些业务的会计分录各不相同。"

① 企业发生各种应付、暂收或退回有关款项时，会计分录为：

　　借：银行存款/管理费用等
　　　　贷：其他应付款

②支付有关款项时，会计分录为：

　　借：其他应付款
　　　　贷：银行存款

③企业采用售后回购方式融入资金的，会计分录为：

　　借：银行存款
　　　　贷：其他应付款

　回购价格与原销售价格之间的差额，应在售后回购期间内按期计提利息费用，会计分录为：

　　借：财务费用
　　　　贷：其他应付款

　按照合同约定购回该项商品等时，会计分录为：

　　借：其他应付款
　　　　贷：银行存款

我问："如果这个科目很容易错的话，我们该怎么避免犯错呢?"

"避免犯错的唯一方法是认真学习，保证自己的每一笔业务都做得符合会计制度的要求，其他投机取巧的方法我教不了你。不过我可以告诉你对这个科目是如何审计的，知道是怎么审计的，或许做业务时你能更有把握一些（如图4-22）。"

我皱了皱眉："张姐，那这个科目最容易审计出有什么问题呢?"

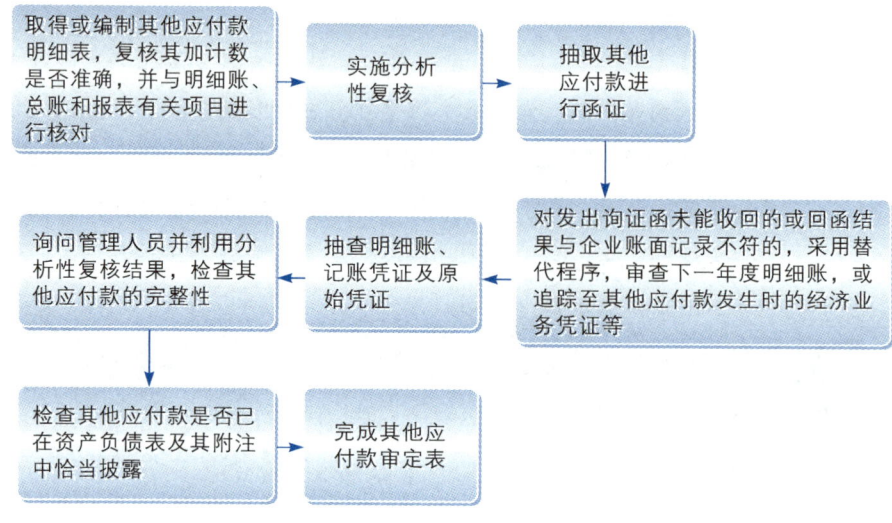

**图 4-22　其他应付款的审计过程**

张蓉说："最简单的，就是出现负数了。"

"出现负数不正常吗？"我奇怪。

张蓉反问："你觉得正常吗？"

好像确实不太对啊。我问："那该怎么办？结转吗？"

"你打算结转到哪个科目？"

"就……"我语塞，还真不知道这个科目能怎么结转。

张蓉公布了正确答案："检查科目的全部业务，如果没有做错的话，就分两种情况处理。如果其他应付款对应的是费用成本性科目，就补提管理费用。若是对应的货币资金，出现负数多半是因为还款大于借款，那就调整成其他应收款就可以了。"

　①其他应付款中对应的科目是费用成本性的科目，比如其他应付款——保险金时，会计处理为：

计提时，

借：管理费用——保险金

　贷：其他应付款——保险金

支出时，

借：其他应付款——保险金

　　贷：货币资金

当其他应付款出现负数时，是因为支出金额大于计提的金额，所以解决的方式是补提管理费用。

②其他应付款中对应的科目是个人借款，对应的科目是货币资金，会计处理为：

借款时，

借：货币资金

　　贷：其他应付款

还款时，

借：其他应付款

　　贷：货币资金

出现负数是因为还款大于借款，所以应该调整成其他应收款。

# 第五章

## 意外！无法掌控的利得与损失

 # 成本核算真的很简单吗

有了张蓉的指导，不可避免的我跟着钱宇凡学业务的时间就大大减少了，一心只复习张蓉教给我的知识。

钱宇凡很不满："小美，你都只看笔记，已经遗忘了我们的美宇幸福公司了吗？"

我耸肩："亲，我也想保持对咱们公司的参与感。但问题是咱们公司实在是十天半个月出不来什么新业务啊！"

钱宇凡拿出钱包，笑嘻嘻地说："谁说我们没有新业务的，现在不就来了吗？来来，咱们先逛个街，然后回来就来核算一下咱们的生活成本吧！"

成本是商品经济的价值范畴，是商品价值的组成部分，也称生产费用。人们要进行生产经营活动或达到一定的目的，就必须耗费一定的资源（人力、物力和财力），其所费资源的货币表现及其对象化称为成本。

出去玩儿，我当然是有兴趣的。不过可不能光顾着玩儿，就忘了工作。

这不，一回家我就开始问宇凡："说好的生活成本呢？该怎么核算啊？"

钱宇凡却不忙着解释，反倒问我："知道什么是成本吗？"

这有什么不知道的。我说："不就是买一个东西我花了多少钱嘛。"

钱宇凡顿时乐了，说："照你这么算，这对外的报表就特别好

看了。这成本都不知道被你划走多大一块儿了！"

啊，怎么会呢？

见我满脸疑惑，钱宇凡开始给我解释了："你看，咱们衣食住行样样都得花钱吧？"

"对啊。"哦，我突然明白了，"你的意思是，这些钱都属于我们的生活成本？"

钱宇凡点了点头："是啊。没有衣食住行，我们怎么在这个社会生活下去？我们活着才能挣钱，而衣食住行让我们活着，所以这些都是成本。"

成本的具体含义：
1. 成本属于商品经济的价值范畴
   即成本是构成商品价值的重要组成部分，是商品生产中生产要素耗费的货币表现；
2. 成本具有补偿的性质
   它是为了保证企业再生产而应从销售收入中得到补偿的价值；
3. 成本本质上是一种价值牺牲
   它作为实现一定的目的而付出资源的价值牺牲，可以是多种资源的价值牺牲，也可以是某些方面的资源价值牺牲；甚至从更广的含义看，成本是为达到一种目的而放弃另一种目的所牺牲的经济价值，在经营决策中所用的机会成本就有这种含义。

顺着钱宇凡的话题，我提出了问题："那这么说的话，成本也分为不同种类吧。比如衣食住上的消费，这是维持生命的基本要素，就可以划为基本生活成本。而在行上面的消费，这是为了让我们避免走路，并不是必不可少的开支，所以就能划为额外生活成本，是不是？"

钱宇凡摸着下巴："你这种划分也是有道理的。不过我们同样也可以有另外一种划分，比如买一件衣服，这是单位成本。而我们花在衣食住行上的所有花费，它就是我们生活的总成本。你觉得对吗？"

好像有道理啊。我总结了一下："所以就是说，咱们从不同的角度来分类，成本就能分出许多不同的种类。"

钱宇凡点点头："这不是理所当然的吗？"

① 按概念形成可分为理论成本和应用成本。
② 按应用情况可分为财务成本和管理成本。
③ 按产生依据可分为实际成本和估计成本。
④ 按发生情况可分为原始成本和重置成本。
⑤ 按形成时间可分为历史成本和未来成本。
⑥ 按计量单位可分为单位成本和总成本。
⑦ 按计算根据可分为个别成本和平均成本。
⑧ 按包括的范围可分为全部成本和部分成本。

"不过，不管怎么划分，成本的具体构成是没有什么变化的。"钱宇凡又补充道。

成本的构成内容要服从管理的需要，并且随着管理的发展而发展。国家规定成本的构成内容主要包括：

① 原料、材料、燃料等费用，表现商品生产中已耗费的劳动对象的价值；

② 折旧费用，表现商品生产中已耗费的劳动对象的价值；

③ 工资，表现生产者的必要劳动所创造的价值。

"OK，OK，那我们美宇幸福公司最近发生了哪些业务，和成本有关的？"我问。

钱宇凡说："那就多了，我们先来看两个。"

2014 年 10 月 3 日，上班途中给汽车加油，油费 300 元。会计分录为：

借：生产成本　　　　　　　　　　　　　　　　300
　贷：银行存款　　　　　　　　　　　　　　　　300

2014 年 10 月 4 日，笔记本电脑损坏，购买新的笔记本电脑花费 4 000 元。会计分录为：

借：生活成本                                          4 000

　贷：银行存款                                          4 000

宇凡说，会计科目中对应的成本科目有"生产成本"，对于施工企业来说有"工程施工"。而"生活成本"则是宇凡杜撰，专属于我们美宇幸福公司的科目喽。

一连做了好几个分录，我觉得有些无聊了："钱宇凡你觉不觉得咱们公司的业务太单调了?"这种借记"生活成本"，贷记"银行存款"的分录，就算做一百笔也没什么练习的作用嘛!

钱宇凡揉了揉我的脑袋："这就没办法了，丫头。你要知道，除非是制造行业，否则成本这一块都不会很困难。"

我点点头，终于可以放松一下了。于是掏出手机玩起了天天炫舞，还要求宇凡跟我一起"炫"。不过这次宇凡不听我的了，说这是小女生的专属，之前跟我玩是为了陪我。我瞪他一眼。他并没有理会，掏出手机自顾自的玩起他觉得很 man 的游戏，全民枪战!

若是放在以前，我定是夺他手机，把他认为很 man 的游戏卸载了。但此时我突然间心里有种莫名的愧疚。原来之前宇凡一门心思喜欢天天炫舞是为了陪我玩，而我却浑然不知。想至此，心里温暖很多，真是满满的的幸福。

 ## 朦胧的感情

很快我就有了一次学习的机会。

那天我去找张蓉学习，张蓉却有点抱歉地说："今天工作有点多，我不能教你了。要不自己去看看资料?"

张蓉做的是成本会计，我正想学成本呢，既然她工作忙，那我

跟她学一学，来帮她的忙不是更好吗？

我向她表达了想要帮忙的意愿，张蓉深深地看了我一眼，罕见地露出了一丝笑容："谢谢。"

我不好意思地摆手："你不嫌我捣乱就好了。"

"怎么会。"

张蓉拖出了一张表5-1给我看——

表5-1　　　　　　　　　　　吉特牌汽车成本表

| | 2.0 L 舒适版 | 2.0 L 精英版 | 2.4 L 舒适版 | 2.4 L 精英版 | 2.4 L 旗舰版 |
|---|---|---|---|---|---|
| 厂家指导价 | 179 900 | 199 900 | 199 900 | 225 900 | 245 900 |
| 购置税 | 15 376 | 17 085 | 17 085 | 19 308 | 21 017 |
| 验车上牌 | 300 | 300 | 300 | 300 | 300 |
| 车辆使用税 | 480 | 480 | 480 | 480 | 480 |
| 交强险 | 950 | 950 | 950 | 950 | 950 |
| 常规保险合计 | 6 417 | 6 925 | 6 925 | 7 585 | 8 093 |
| 购车合计 | 203 000 | 225 000 | 225 000 | 254 000 | 276 000 |

"今年我们各个部门都要添置固定资产，包括汽车、桌子、椅子、车子、电脑……全都需要核算出成本。这一张是我刚刚做好的汽车报价。报价由采购部门提供，税费等相关资料从财务资料里找，还有其他的成本项，我都已经标注出来了。找不到报价的话，就来问我。这仅仅是汽车报价，还有其他桌椅、电脑等近40多种固定资产的报价。这些你先帮我核算一下，剩下的我自己来，可以吗？"

这看起来不算难。我兴致勃勃地说："放心，你就交给我吧！"

我以为这不算困难，但实际的核算却耗费了一整天。下班时我累坏了，忍不住抱怨："张姐你的工作任务怎么那么重啊？"

张蓉只扯了扯嘴角："总监分派的，我有什么办法。"

总监……这一下就牵动了我敏感的神经："不会是因为我，总监故意针对你吧？"

张蓉说："别想那么多。有没有你，他们都看不惯我，谁让我跟凌丽不对付呢。"

"总监为什么那么护着凌丽啊？"我的心情有点沉重。

张蓉挑了挑眉："你不知道吗？总监是凌丽原来的邻居，据说两人曾经有过朦胧的感情，不过后来总监搬家了，两人就断了，谁知道会在这家公司里团聚呢？尽管这个时候两个人都各自结婚了，但彼此还是对对方抱着好感……很传奇的故事吧？"张蓉的语气有些讽刺。

我忍不住吐槽："真是……传奇得像是编的！"

张蓉笑了："说不准就是编的呢。反正都是凌丽自己说的，实际情况谁知道呢。"

是啊，世事真假难料，谁知道呢！

我们换了话题。

我问："张姐，成本都是像今天做的这些一样核算的吗？"

张蓉摇了摇头："这不过是为了决策而做一份表格罢了。成本的核算是很复杂的，光核算的方法都有六种呢（如图 5-1）。"

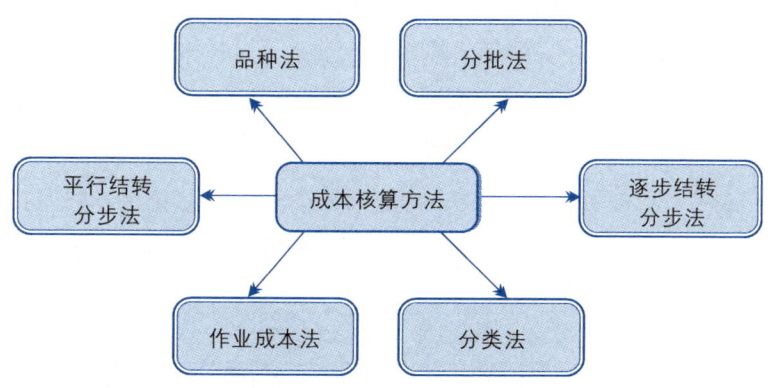

**图 5-1　成本核算的方法**

"实际核算的时候都会用上吗？"我诧异。

张蓉摇了摇头："看情况。一般来说，品种法是基本的。若有需要或管理上是按订单生产，有时使用分批法。其他的成本核算方法看情况，有的用，有的不用。"

最基础的品种法核算——品种法

1. 定义

以产品品种作为成本计算对象的一种成本计算方法。

2. 成本对象

品种法的成本计算对象为：产品品种。实际工作中，可以将"品种法"之下的成本对象变通应用为：产品类别、产品品种、产品品种规格。

3. 计算方法及要点

品种法在实际工作中的应用要点为：以"品种"为对象开设生产成本明细账、成本计算单；成本计算期一般采用"会计期间"；以"品种"为对象归集和分配费用；以"品种"为主要对象进行成本分析。

4. 适用范围

品种法适合于大批大量、单步骤生产的企业。如发电、采掘业、管理上只要求考核最终产品的企业。

我又和张蓉讨论了一些关于成本核算的问题，最后我忍不住问她："张姐，要这么说的话，成本核算就是为了记录发生业务的成本吗？"

张蓉摇了摇头："虽然有很多不懂财务的人会这么认为，但作为一个会计，你可不能这么狭隘。成本核算可不只是记录，它同样也是制定价格的基础，计算盈亏的依据，企业决策的根据（如图5-2）。"

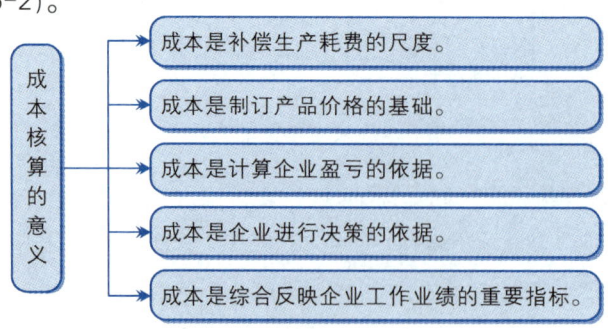

图5-2　成本核算的意义

"张姐，你的业务学得真的很好！"离别之前，我忍不住赞张蓉。

张蓉似乎已经对此看淡了一般，点点头，云淡风轻地说："谢谢。"

# 奶牛产奶的成本与费用构成

晚上我跟钱宇凡分享了整件事。

"我觉得是我连累了张姐，又觉得张姐那么好的业务能力，非得在这家公司和总监他们死磕，弄得自己那么不开心，真是不值得。"我闷闷地说。

钱宇凡搂住我，把我的头按在他的胸前，轻声说："丫头，别想那么多。每个人的生活都要自己对自己负责，有的人愿意与人职场拼杀，也有人与人为善，这都是自己的选择。别拿别人的错误来苛待自己，有这个力气，还不如学点东西呢。"

钱宇凡的身体很热，胸腔随着心脏的跳动一震一震的，特别的沉稳。我顿时就被安抚了，亲了亲他的嘴角说："你说得对，我们只对自己负责。"

这件事之后，我对职场有了另一番解读。以前我在职场勇敢无畏，我对总监针对我这件事总是憋着一股气，我特别想通过考核，逼着凌丽让总监郁闷，但现在我平和了许多。钱宇凡说得对，我们只对自己负责，总监和凌丽怎么样是他们的事，我与他们计较岂不是把自己变成了和他们一样的存在？

所以我依然好好学习，但那只为充实自己。

将要休息的时候，我向钱宇凡请教了费用。

广义的费用是泛指企业在日常生产经营过程中发生的所有耗费；狭义的费用仅指与本会计期内营业收入相配比的那部分耗费，

即企业为销售商品、提供劳务等日常活动所发生的经济利益的流出。

"费用到底有哪些内容呢?"我问。

费用包括营业费用与营业外支出(损失)。作为损益表要素的费用,还有一种狭义的理解,即指营业费用。美国财务会计准则委员会便是采用这种狭义的费用概念,将损失作为一项与费用平行的收益表要素。国际会计准则委员会则采用上述广义的费用概念。会计费用包括直接费用、间接费用和期间费用。期间费用又包括销售费用、管理费用和财务费用。

钱宇凡说:"你可以从直接费用、间接费用和期间费用这三者的组合来理解费用,也可以根据它的经济内容,来把费用要素进行划分。这称为要素费用(如图5-3)。"

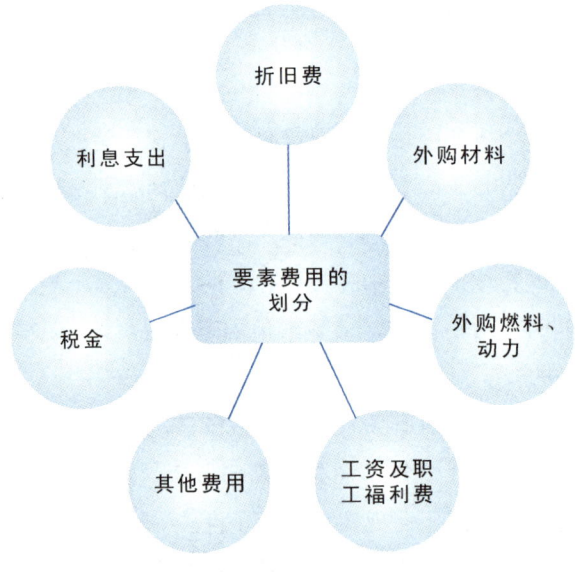

图 5-3　要素费用的划分

说完,钱宇凡就写出了几笔业务问我:"你觉得水电费、电话费、买汽车、购入笔记本电脑,这几项业务当中,哪些是费用?"

水电费、电话费、买汽车、购入笔记本电脑……这些不都应该计入成本吗？我迟疑了："这里面有费用？"

钱宇凡点点头，说："这里面水电费和电话费，都应该算作费用。你是不是以为它们都是成本了？"

我点点头："对啊。"

"所以这里就有一个难点了，如何区分费用和成本。"钱宇凡说。见表5-2。

表 5-2　　　　　　　　　　费用与成本的区别

| | 费　　用 | 产品成本 |
|---|---|---|
| 内容 | 包括生产费用、管理费用、销售费用和财务费用等。 | 只包括为生产一定种类或数量的完工产品的费用，不包括未完工产品的生产费用和其他费用。 |
| 计算期 | 计算期与会计期间相联系。 | 计算期一般与产品的生产周期相联系。 |
| 对象 | 按经济用途分类的对象。 | 产品。 |
| 计算依据 | 以直接费用、间接费用为依据。 | 以一定的成本计算对象为依据。 |
| 原始凭证 | 生产过程中取得的各种原始凭证。 | 成本计算单或成本汇总表及产品入库单。 |
| 总额 | 一定时期内，费用总额不等于产品成本总额。 | 产品成本是费用总额的一部分，不包括期间费用和期末未完工产品的费用等。 |
| 作用 | 费用指标，分析其比重，了解结构变化从而加强费用管理等。 | 产品成本指标：一是反映物化劳动与活劳动的耗费；二是资金耗费的补偿；三是检查成本和利润计划；四是表明企业工作质量的综合指标。 |

"其实费用和成本本质上有很大的区别。费用是企业为销售商品、提供劳务等日常活动所发生的经济利益的流出。而成本是按一定的产品或劳务对象所归集的费用。"

钱宇凡给我举了个例子：

"比方说吧，奶牛吃的是草，挤的是奶。草可以理解为成本，而奶是收入。但是一头牛的成长并不仅仅吃草。牛还需要听音乐，心情舒畅，产奶的质量才高。牛也要喝水，阴天了，牛棚太黑了，牛也不喜欢黑暗，所以也要点灯。草也不是随处都有，可能还要花运费运草。这些费用都算作费用，而不能算成本。也就是说，对奶归集的费用，也就是草的价格，这是成本。而为了产奶而发生的其他的费用，那就是费用。"

钱宇凡停顿了一下，继续说："而对于美宇幸福公司来说，我和你就是最大的资产，随着岁月的推移，我们也会有折旧。但在这个过程当中，付出心血劳动是最大的成本，衣食住行，可以算作成本。水电费、电话费之类的，就算作了费用。这样你能理解吗？"

这样还不能理解，那我也太笨了吧！我忙不迭地点头："懂了懂了。那费用究竟是怎么入账的呢？"

钱宇凡说："费用的入账是很简单的，就是借记相关的费用，贷记"银行存款"或者"应付账款"之类的。它的难点是区分费用究竟该入哪个科目。"

费用入账的会计分录：

借：财务费用/管理费用/销售费用
　　贷：银行存款/应付账款

我问他："那哪种费用该入哪个科目，该怎么区分呢？"

钱宇凡狡黠一笑："So easy，熟记各个科目的定义就可以了。"

费用按照经济用途分类，可以反映企业在一定时期内发生了哪些生产费用、金额各是多少，以便于分析企业各个时期各种费用占整个费用的比重，进而分析企业各个时期各种要素费用支出的水平，有利于考核费用计划的执行情况。

按照经济用途分类，费用可以分为生产成本和期间费用。

生产成本，是指企业为生产一定种类和数量的产品所发生的费用，即产品成本项目直接材料、直接人工和制造费用的总和。

期间费用，是指不计入产品生产成本、直接计入发生当期损益的费用，包括管理费用、财务费用和销售费用。

"这当中，主要要区分的，就是管理费用、财务费用和销售费用了（如图5-4）。"钱宇凡说。

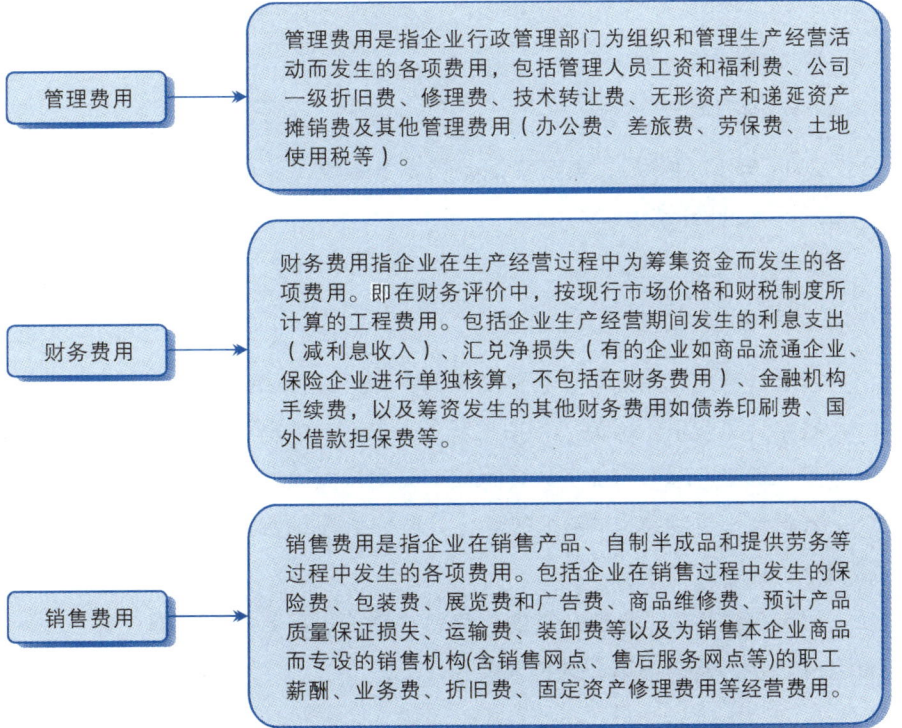

管理费用　管理费用是指企业行政管理部门为组织和管理生产经营活动而发生的各项费用，包括管理人员工资和福利费、公司一级折旧费、修理费、技术转让费、无形资产和递延资产摊销费及其他管理费用（办公费、差旅费、劳保费、土地使用税等）。

财务费用　财务费用指企业在生产经营过程中为筹集资金而发生的各项费用。即在财务评价中，按现行市场价格和财税制度所计算的工程费用。包括企业生产经营期间发生的利息支出（减利息收入）、汇兑净损失（有的企业如商品流通企业、保险企业进行单独核算，不包括在财务费用）、金融机构手续费，以及筹资发生的其他财务费用如债券印刷费、国外借款担保费等。

销售费用　销售费用是指企业在销售产品、自制半成品和提供劳务等过程中发生的各项费用。包括企业在销售过程中发生的保险费、包装费、展览费和广告费、商品维修费、预计产品质量保证损失、运输费、装卸费等以及为销售本企业商品而专设的销售机构(含销售网点、售后服务网点等)的职工薪酬、业务费、折旧费、固定资产修理费用等经营费用。

**图 5-4　期间费用的含义**

然后宇凡又举了几个案例：

2014 年 10 月 2 日，美宇幸福公司收到银行利息2.1元。会计分录为：

借：银行存款　　　　　　　　　　　　　　　　2.1

　　贷：财务费用——利息　　　　　　　　　　　　2.1

2014 年 10 月 3 日，美宇幸福公司总经理钱宇凡报销差旅费1 200元。会计分录为：

借：管理费用——差旅费　　　　　　　　　　1 200

　　贷：银行存款　　　　　　　　　　　　　　1 200

2014 年 10 月 3 日，美宇幸福公司采购面巾纸三盒，价值 36

元。会计分录为：

借：管理费用　　　　　　　　　　　　　　　　36

　　贷：库存现金　　　　　　　　　　　　　　　　36

2014 年 10 月 3 日，美宇幸福公司销售经理王美丽报销差旅费 2 000 元。会计分录为：

借：销售费用——差旅费　　　　　　　　　2 000

　　贷：银行存款　　　　　　　　　　　　　　2 000

看着钱宇凡写完分录，我喜滋滋的："老钱，你给我升官啦！"

钱宇凡见我乐，也笑了，拍拍我的脑袋说："那可不是。以后可就要麻烦王经理多跑业务，多为咱们公司做贡献啦。"

我得意地晃脑袋："哪里哪里，只要你肯报销费用，鄙人出点微薄之力还是可以的。"

钱宇凡拱手："那是必需的。包装、展览、广告费，运输、装卸、保险费，通通报销，进销售费用！"

# 彩票是主营业务收入吗

彩票获奖的收入，是什么收入？

收入是指企业在日常活动中形成的，会导致所有者权益增加的、与所有者投入资本无关的经济利益的总流入，包括商品销售收入、劳务收入、利息收入、使用费收入、股利收入等。

星期六我和钱宇凡一起逛街时买了一张彩票，中了 500 元。然后他向我提出了这笔彩票获奖收入计入我们美宇幸福公司的话，该记入什么科目的问题。

这一下就把我问懵了，说起来，收入这个概念我们还是很久前讨论过的呢。

这个故事就要追溯到我们刚刚设立美宇幸福公司的时候了。

当时我们在讨论怎么光大美宇，盈利千万，美国上市，秒杀微软的辉煌前程，钱宇凡便顺便给我科普了收入的分类（如图5-5）。

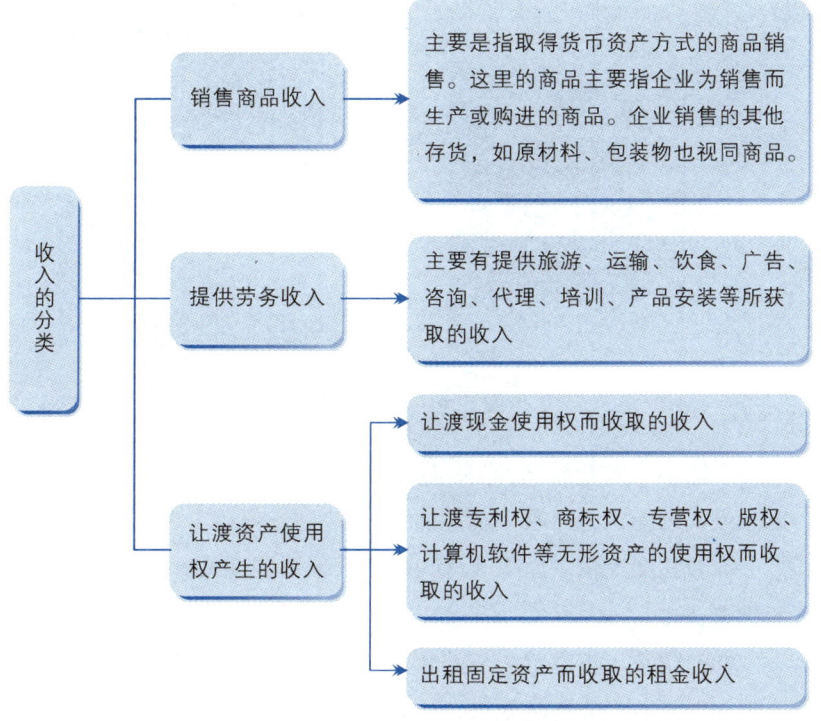

图 5-5　收入的分类

我问他："那咱们公司里，什么是收入呢？"

钱宇凡说："我们的工资啊。咱们公司主要业务就是咱们俩的劳力，所以我们的工资就是公司的收入（如图5-6）。"

钱宇凡把收入的特点给我讲后，我一想，我们的工资是日常活动中产生的，工资到银行卡上之后就表现为企业资产的增加了，也不属于股本，不是与所有者投入资本有关的经济利益的总流入，也不是为第三方或客户代收的款项……看来没错啊，我们公司的收入就是我和钱宇凡的工资了。

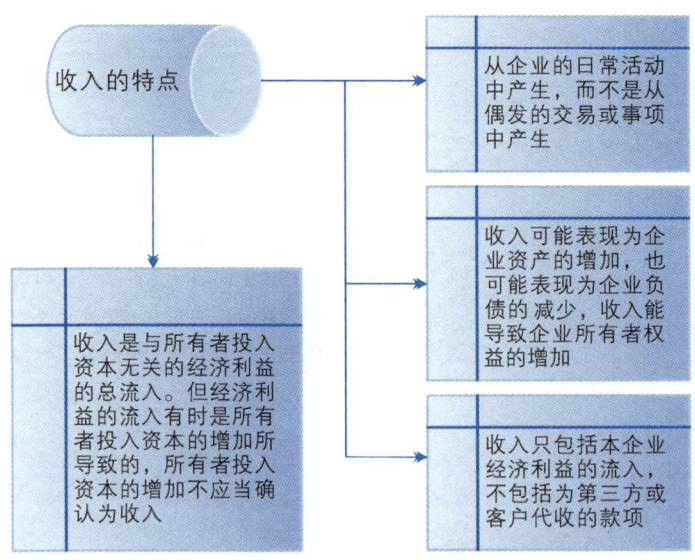

图 5-6　收入的特点

　　而钱宇凡又补充说："咱们公司的收入来源是我们的劳务，所以它是属于提供劳务收入。"

　　而我恍然大悟。原来收入这就一个来钱的事儿，居然里面还有那么多道道。

　　回忆结束，现在钱宇凡问我一笔彩票收入该入什么科目……我努力地回忆着脑海里的知识，好半天终于挤出了一个词："是'主营业务收入'科目吗？"

　　钱宇凡无情地否定了我："错，是'其他业务收入'科目。"

　　随后，他开始给我科普："收入按照企业从事日常活动在企业的重要性，可以分为主营业务收入和其他业务收入。但是带着收入两字的会计科目却有三个，是'主营业务收入''其他业务收入'和'营业外收入'（如图5-7）。"

　　"这三个科目分别怎么用的呢？"我问钱宇凡。

　　钱宇凡举了个例子："以农民种粮食来打比方吧。农民把卖米取得的收入计入'主营业务收入'，把粮食的附属产品——稻草卖了，取得的收入计入'其他业务收入'。而如果说，这个农民在种

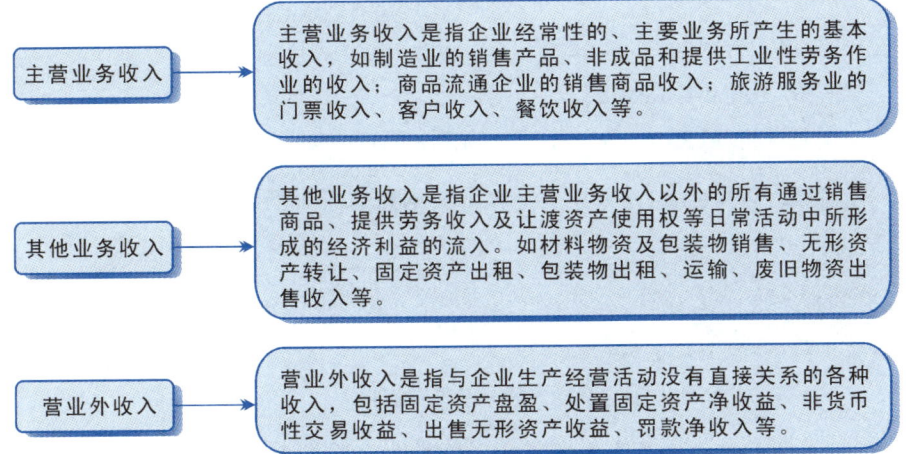

| 主营业务收入 | 主营业务收入是指企业经常性的、主要业务所产生的基本收入，如制造业的销售产品、非成品和提供工业性劳务作业的收入；商品流通企业的销售商品收入；旅游服务业的门票收入、客户收入、餐饮收入等。 |
| 其他业务收入 | 其他业务收入是指企业主营业务收入以外的所有通过销售商品、提供劳务收入及让渡资产使用权等日常活动中所形成的经济利益的流入。如材料物资及包装物销售、无形资产转让、固定资产出租、包装物出租、运输、废旧物资出售收入等。 |
| 营业外收入 | 营业外收入是指与企业生产经营活动没有直接关系的各种收入，包括固定资产盘盈、处置固定资产净收益、非货币性交易收益、出售无形资产收益、罚款净收入等。 |

图 5-7　收入与利得的概念

粮食的地里挖到一块金子，那就是'营业外收入'了。"

"就是说咱们生产经营活动产生的收入，主要业务产生的收入就是'主营业务收入'，次要业务产生的收入就是'其他业务收入'，而和我们生产经营活动没关系的收入就是'营业外收入'。是吗？"我问。

钱宇凡点点头："你可以这么区分。不过你要知道一点，'营业外收入'并不算收入，它并不满足收入的特征，它其实是利得。"

利得是指由企业非日常活动所形成的、会导致所有者权益增加的、与所有者投入资本无关的经济利益的流入。与损失相对。

"好复杂啊。"我皱眉。

钱宇凡安抚我说："以你能理解的方式来理解就好了，辨析什么的都是小事，重要的是你要懂得业务该怎么做。"

那么业务该怎么做呢？

钱宇凡说："咱们从最重要的'主营业务收入'说起吧。"

他首先写了一个例子——

2014 年 10 月 9 日，美宇幸福公司售给南山公司 A 商品 500 件，增值税专用发票列明商品价款 42 735 元、增值税额 7 265 元，共计 50 000 元，商品已经发出，同时收到南山公司的转账支票并办妥进账手续。会计分录为：

借：银行存款                                    50 000
　　贷：主营业务收入                              42 735
　　　　应交税费——应交增值税（销项税额）        7 265

　　假如我司收到的是南山公司开出并承兑的商业汇票，则会计分录为：

借：应收票据                                    50 000
　　贷：主营业务收入                              42 735
　　　　应交税费——应交增值税（销项税额）        7 265

　　"这是最简单交款提货的销售，最基本也是在大企业最少见到的销售业务。"钱宇凡说。

　　我好奇："那大企业都发生什么样的销售业务？"

　　钱宇凡说："那就多了，最简单的，预收货款销售。"

　　2014 年 10 月 9 日，我公司收到南山公司预付的货款 6 000 元。15 日，我公司向南山公司发出 A 产品 200 件，售价为 10 000 元，应交增值税额 1 700 元。

　　(1) 10 月 9 日，我公司收到南山公司预付的货款，会计分录为：

借：银行存款                                    6 000
　　贷：预收账款——南山公司                      6 000

　　(2) 10 月 15 日，我公司向南山公司发出商品，会计分录为：

借：预收账款——南山公司                        11 700
　　贷：主营业务收入                             10 000
　　　　应交税费——应交增值税（销项税额）        1 700

　　(3) 10 月 25 日，我公司收到南山公司补付的货款，会计分录为：

借：银行存款                                    5 700
　　贷：预收账款——南山公司                      5 700

　　这时，我发现了一个漏洞："老钱，咱们公司应该属于小规模纳税人吧？怎么会有销项税额呢？"

钱宇凡嘿嘿一笑："愿景，愿景。咱们公司迟早能走到一般纳税人所要的要求的，咱们先模拟一下，激励我们继续努力嘛。"

好吧好吧，那就假装我们这是一个一般纳税人的企业吧。

我又问他："为什么一般纳税人很少见交款提货销售呢？"

钱宇凡说："这就是大公司约定俗成的风俗了。你想呀，如果我们是大公司，自然就想让对方先交钱，我们拿着他的钱去生产商品，是不是？但反过来说，如果来购买我们的商品的客户是个大公司，他买得多，自然也希望我们给他一些现金折扣。你说是不是这个道理？"

嗯，确实是这样。

不过，我忍不住有些想笑。钱宇凡对我们美宇幸福公司也太有信心了吧，给我们假设业务的时候就直接拿我们成为大公司的情况来设想，看来他对做大美宇是势在必得啊！

涉及现金折扣的销售：

2014 年 10 月 10 日，我公司销售给明达公司 B 商品 100 件，增值税发票上注明货款为 10 000 元，增值税额 1 700 元。我公司为了及早收回货款，在合同中规定的现金折扣条件如下："2/10、1/20、$n$/30"，假定计算折扣时不考虑增值税。公司对于现金折扣采用总价法核算。

（1）10 月 10 日，销售实现时，应按总售价作收入。会计分录为：

借：应收账款——明达公司                             11 700

  贷：主营业务收入                                 10 000

      应交税费——应交增值税——销项税额         1 700

（2）如 10 月 19 日，明达公司付清货款，则按照售价 10 000 元的 2% 享受 200 元（10 000×2%）的现金折扣。我公司的会计分录为：

借：银行存款                                       11 500

    财务费用                                       200

  贷：应收账款——明达公司                        11 700

（3）如 10 月 28 日，明达公司付清货款，则应按照售价 10 000 元的 1% 享受现金折扣 100 元（10 000×10%）。我公司的会计分录为：

借：银行存款　　　　　　　　　　　　　　11 600
　　财务费用　　　　　　　　　　　　　　　 100
　　贷：应收账款——明达公司　　　　　　　　　11 700

（4）如明达公司在 11 月底才付款，则应按全额付款。我公司的会计分录为：

借：银行存款　　　　　　　　　　　　　　11 700
　　贷：应收账款——明达公司　　　　　　　　　11 700

"其实也还有一些特殊情况，比如销售了之后客户发现我们的产品质量不合格，这时客户就有可能让我们赔些钱，甚至会直接退货。这种情况的入账，也要注意一下。"钱宇凡说。

销售退回和销售折让：

我公司售给达兴公司一批商品，增值税发票上的售价 80 000 元，增值税额 13 600 元，货到后买方发现商品质量不合格，要求在价格上给予 5% 的折让。

① 销售实现时，我公司的会计分录为：

借：应收账款——达兴公司　　　　　　　　93 600
　　贷：主营业务收入　　　　　　　　　　　　 80 000
　　　　应交税费——应交增值税——销项税额　　13 600

② 发出销售折让时，我公司的会计分录为：

借：主营业务收入　　　　　　　　　　　　4 000
　　应交税费——应交增值税——销项税额　　　680
　　贷：应收账款——达兴公司　　　　　　　　 4 680

③ 实际收到款项时，我公司的会计分录为：

借：银行存款　　　　　　　　　　　　　　88 920
　　贷：应收账款——达兴公司　　　　　　　　 88 920

若上例中达兴公司发现商品质量不合格时要求退货，则：

① 销售实现时，我公司应作如下会计分录：

| 借：应收账款——达兴公司 | 93 600 |
| 贷：主营业务收入 | 80 000 |
| 应交税费——应交增值税——销项税额 | 13 600 |

② 发出销售退回时，我公司的会计分录为：

| 借：主营业务收入 | 80 000 |
| 应交税费——应交增值税——销项税额 | 13 600 |
| 贷：应收账款——达兴公司 | 93 600 |

说到这里，我就想起我买东西的方式了。曾经在一家网站，采用了分期付款的方式购买了一部手机。我跟钱宇凡一说，他便说："对于卖家而言，这则是一种分期收款销售嘛。"

分期收款销售，是指商品已经交付，但货款分期收回的一种销售方式。分期收款销售的特点是销售商品的价值较大，收款期较长，收取货款的风险较大。因此，分期收款销售方式下，企业应按照合同约定的收款日期分期确认销售收入。

对这种销售方式，钱宇凡举的是下面这个例子——

2014 年 10 月 10 日，我公司采用分期收款方式销售给王美丽 C 商品一台，售价 500 000 元，增值税税率为 17%，实际成本为 300 000元，合同约定款项分 5 年平均收回，每年的付款日期为当年 6 月 1 日，并在商品发出后先支付第一期货款。每年收回货款 100 000元（500 000÷5）。

假定符合销售商品收入确认的所有条件，我公司的会计分录如下所示：

① 发出商品时：

| 借：分期收款发出商品 | 300 000 |
| 贷：库存商品 | 300 000 |

② 每年 10 月 10 日：

| 借：银行存款 | 117 000 |
| 贷：主营业务收入 | 100 000 |
| 应交税费——应交增值税——销项税额 | 17 000 |

同时结转商品成本 = 300 000 ÷ 500 000 × 100 000 = 60 000（元）

借：主营业务成本　　　　　　　　　　　　　　　　60 000

　　贷：分期收款发出商品　　　　　　　　　　　　　60 000

他一讲完，我便一拳打在他的俊脸上："坏蛋，我不是美宇幸福公司的销售经理吗？拿点东西居然还收我的钱，你好意思吗！"

钱宇凡躲过我的粉拳，拉着我赔笑："这是我决策失误，美宇幸福公司所有的资产都是属于你的，我也是属于你的，怎么能收你的钱呢？这个费用必须免！把'银行存款'科目换成'应收账款'，之后就把它冲销掉！"

我顿时满意了："这还差不多。"

随后，我又想到了一种业务："钱宇凡，你说咱们要是美宇幸福公司的商品卖到国外去了，比如美国，那咱们这账该怎么做啊？"

钱宇凡说："这简单，不就是出口商品的销售嘛。"

我公司销售给境外 X 公司一批商品，按 FOB 计价，货款为 US＄20 000,商品已经发出，并向银行办理交单手续，当日美元汇率为￥8.80。会计分录为：

借：应收账款——X 公司——美元户（US＄20 000）　￥176 000

　　贷：主营业务收入——外销（US＄20 000）　　　　￥176 000

接银行通知收到 X 公司货款，当日美元汇率为￥8.70。会计分录为：

借：银行存款——美元户（US＄20 000）　　　　　￥174 000

　　财务费用——汇兑损益　　　　　　　　　　　　￥2 000

　　贷：应收账款——A 公司——美元户（US＄20 000）　￥176 000

看着钱宇凡写完分录，我有些小崇拜："老钱，我发现你真的是无所不能啊！"

钱宇凡得瑟地笑："客气，客气，也就区区的世界第三吧。"

哼，你个自恋鬼！我拿眼瞥他。他却一点不尴尬，反倒继续给我讲课了："其实公司的日常业务中，还有一种经常会遇到的情况，就是代销。代销销售有两种方式：一个是视同买断，另一个呢，就是收取手续费了。"

视同买断的代销方式销售：

视同买断方式的代销指由委托方和受托方签订协议，委托方按协议价收取所代销的货款，实际售价可由受托方自定，实际售价与协议价之间的差额归受托方所有的销售方式。

A 企业委托 B 企业销售甲商品 100 件，协议价为 100 元/件，该商品成本 60 元/件，增值税税率 17%。A 企业收到 B 企业开来的代销清单时开具增值税发票，发票上注明：售价 10 000 元，增值税额 1 700 元。B 企业实际销售时开具的增值税发票上注明：售价 12 000 元，增值税额为 2 040 元。

(1) A 企业应作如下会计分录：

① A 企业将甲商品交付 B 企业时：

借：委托代销商品      6 000
　　贷：库存商品      6 000

② A 企业收到代销清单时：

借：应收账款——B 企业      11 700
　　贷：主营业务收入      10 000
　　　　应交税费——应交增值税——销项税额      1 700
借：主营业务成本      6 000
　　贷：委托代销商品      6 000

③ 收到 B 企业汇来的货款 11 700 元时：

借：银行存款      11 700
　　贷：应收账款——B 企业      11 700

(2) B 企业应作如下会计分录：

① 收到甲商品时：

借：受托代销商品      10 000
　　贷：代销商品款      10 000

② 实际销售时：

| | |
|---|---|
| 借：银行存款 | 14 040 |
| 　　贷：主营业务收入 | 12 000 |
| 　　　　应交税费——应交增值税——销项税额 | 2 040 |

| | |
|---|---|
| 借：主营业务成本 | 10 000 |
| 　　贷：受托代销商品 | 10 000 |

| | |
|---|---|
| 借：代销商品款 | 10 000 |
| 　　贷：应付账款——A 企业 | 10 000 |

③ 按合同协议价将款项付给 A 企业时：

| | |
|---|---|
| 借：应付账款——A 企业 | 10 000 |
| 　　应交税费——应交增值税——进项税额 | 1 700 |
| 　　贷：银行存款 | 11 700 |

收取手续费方式的代销销售：

收取手续费方式的代销是受托方根据所代销的商品数量向委托方收取手续费的销售方式。对受托方来说，收取的手续费实际上是一种劳务收入。

A 企业委托 B 企业销售甲商品 100 件，该商品成本 60 元/件。假定代销合同规定，B 企业应按每件 100 元售给顾客，A 企业按售价的 10% 支付 B 企业手续费。B 企业实际销售时，即向买方开出一张增值税专用发票，发票上注明甲商品售价 10 000 元，增值税额 1 700 元。A 企业在收到 B 企业交来的代销清单时，向 B 企业开具一张相同金额的增值税发票。

（1）A 企业应作如下会计分录：

① A 企业将甲商品交付 B 企业时：

| | |
|---|---|
| 借：委托代销商品 | 6 000 |
| 　　贷：库存商品 | 6 000 |

② A 企业收到代销清单时：

借：应收账款——B企业　　　　　　　　　　　　　11 700
　　贷：主营业务收入　　　　　　　　　　　　　10 000
　　　　应交税费——应交增值税——销项税额　　　 1 700

借：营业费用——代销手续费　　　　　　　　　　　 1 000
　　贷：应收账款——B企业　　　　　　　　　　　 1 000

③ 收到 B 企业汇来的货款净额 10 700 元（11 700 - 1 000）时：

借：银行存款　　　　　　　　　　　　　　　　　10 700
　　贷：应收账款——B企业　　　　　　　　　　　10 700

(2) B 企业应作如下会计分录：

① 收到甲商品时：

借：受托代销商品　　　　　　　　　　　　　　　10 000
　　贷：代销商品款　　　　　　　　　　　　　　10 000

② 实际销售时：

借：银行存款　　　　　　　　　　　　　　　　　11 700
　　贷：应付账款——A企业　　　　　　　　　　　10 000
　　　　应交税费——应交增值税——销项税额　　　 1 700

借：应交税费——应交增值税——进项税额　　　　　 1 700
　　贷：应付账款——A企业　　　　　　　　　　　 1 700

借：代销商品款　　　　　　　　　　　　　　　　10 000
　　贷：受托代销商品　　　　　　　　　　　　　10 000

③ 归还 A 企业贷款并计算代销手续费时：

借：应付账款——A企业　　　　　　　　　　　　　11 700
　　贷：银行存款　　　　　　　　　　　　　　　10 700
　　　　主营业务收入　　　　　　　　　　　　　 1 000

钱宇凡讲完，我捧着他的大脸，郑重地叫："钱宇凡。"

他愣住了，有点被我的郑重其事吓到："怎，怎么了？"

我叹了口气，说："我发现你真的是个百宝箱，什么都知道，简直比大雄的哆啦 A 梦还有用！我爱死你了！"说完，我狠狠地亲了他一口。

等我亲完，钱宇凡擦着脸上的口水一脸的哭笑不得："小美，咱们示爱的时候能平凡点吗？我真的不介意你平庸！"

 # 营业外收入是披着羊皮的大灰狼

钱宇凡说是那么说，但其实他心里是非常高兴的。

我之所以这么确定，是因为他接下来像打了鸡血一样开始给我讲业务了。

"知道主营业务收入怎么入账之后，了解一下其他业务收入的入账就是一个补充了。事实上，关于其他业务收入的业务并不算多。"钱宇凡说。

其他业务收入是企业从事除主营业务以外的其他业务活动所取得的收入，具有不经常发生，每笔业务金额一般较小，占收入的比重较低等特点。

其他业务收入主要包括材料物资及包装物销售、无形资产转让、固定资产出租、包装物出租、运输、废旧物资出售收入等。

"不过，其他业务收入是非常容易发生会计错弊的。"钱宇凡说，"其他业务收入的会计错弊有三种（如图5-8）。"

我疑惑："如果其他业务收入发生错弊的话，会产生什么影响呢？"

钱宇凡说："影响税收啊。像企业销售原材料收入，本应计入其他业务收入，如果计入营业外收入的话，就会少计提一部分的增值税销项税额。"

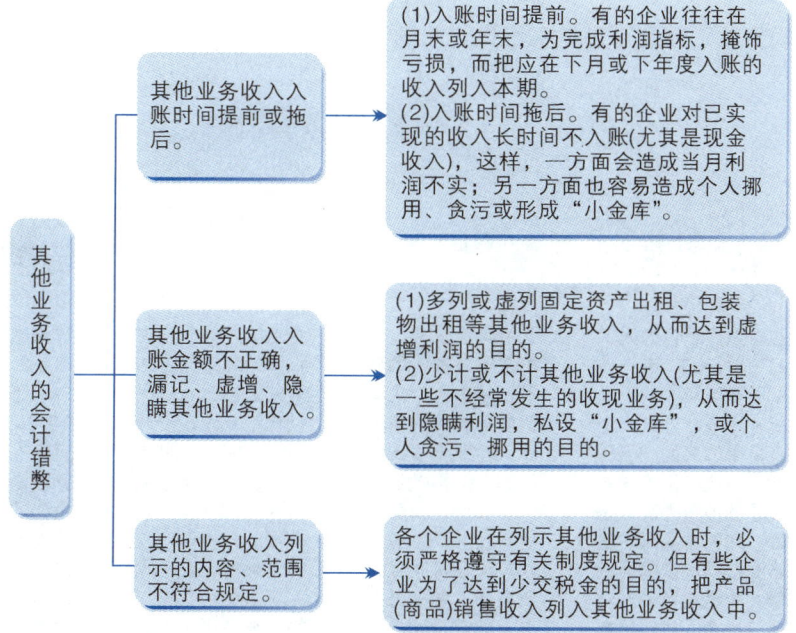

图 5-8 　其他业务收入的会计错弊

"也就是说，其他业务收入通过计入营业外收入的手段，以达到偷税漏税的目的?"我问。

"是的。"钱宇凡点点头，然后问我，"你还记得我跟你说过，营业外收入是披着羊皮的大灰狼，看起来像是收入，但其实不是收入吧?"

我点点头。

钱宇凡接着说:"《中华人民共和国企业所得税法》规定的不征税收入和免税收入中，有的部分在我们财务做账的时候会计入营业外收入，这些部分不缴纳企业所得税，其余的营业外收入一律按税法规定缴纳企业所得税。比如与收益相关的政府补助，财务做账的时候会用到营业外收入的科目，但是有一些政府补助是不需要缴纳企业所得税的。"

这时我笑了:"哇，既然营业外收入可以免交这么多税，咱们就想想办法，把其他业务收入都做进营业外收入呗!"

钱宇凡摇摇头说:"这就是标准的贪小便宜吃大亏的行为。对其他业务收入，审计时是很严格的，一查就出来了。要是被税局发现罚款了，那可是得不偿失（如图5-9)。"

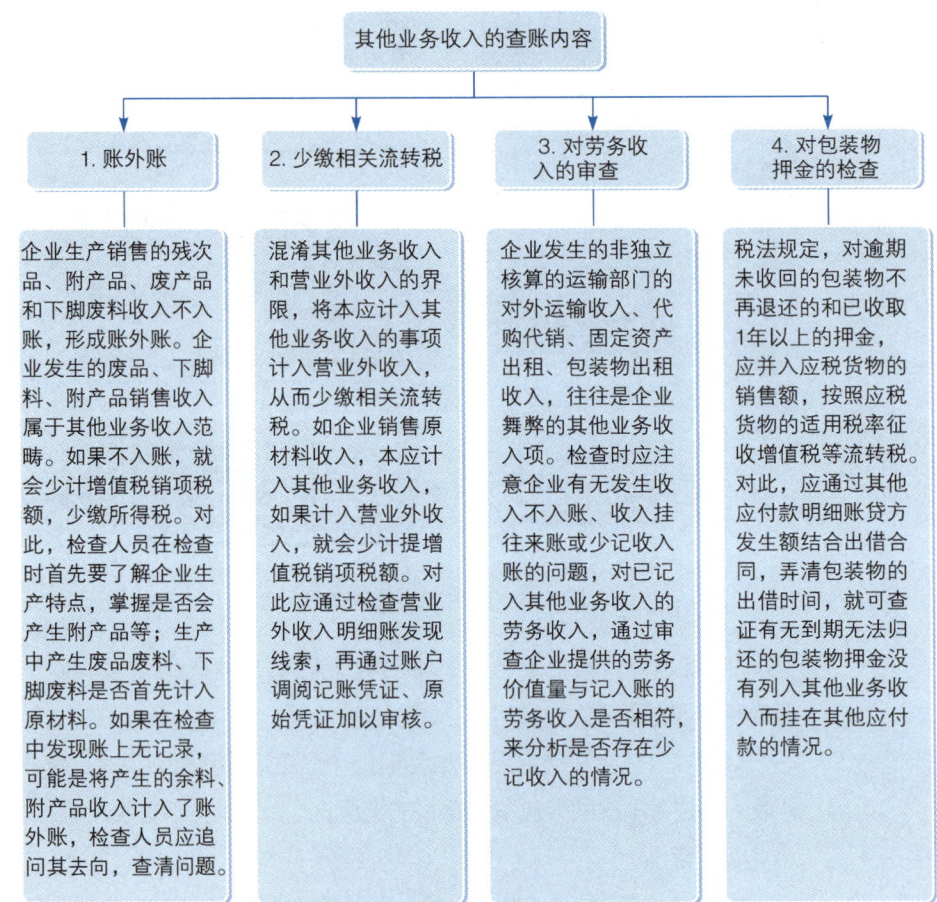

**图 5-9   其他业务收入查账内容**

看完"其他业务收入"科目的查账内容，我顿时就没了做假账的念头了。人家都已经对怎么查账自成一统，还分出清清楚楚的四大类了，我去弄假，那不是班门弄斧，贻笑大方嘛！

于是我干脆地换了话题，问钱宇凡："那营业外收入具体有哪些呢？都是怎么入账的？"

钱宇凡说："营业外收入是一项利得，它的具体构成有一二十种吧。"

营业外收入主要包括：非流动资产处置利得、非货币性资产交换利得、出售无形资产收益、债务重组利得、企业合并损益、盘盈利得、因债权人原因确实无法支付的应付款项、政府补助、教育费附加返还款、罚款收入、捐赠利得等。

"至于入账，咱们还是用业务举例吧。"钱宇凡说。

2014年10月15日，美宇幸福公司将闲置的一套古董桌椅以5 000元的价格转让，这套桌椅购买时价格为4 000元，已提累计折旧760元，价款已通过银行转账收到。

我公司的会计分录为：

| | | |
|---|---|---|
| 借：固定资产清理 | | 3 240 |
| 　累计折旧 | | 760 |
| 　贷：固定资产 | | 4 000 |

| | | |
|---|---|---|
| 借：银行存款 | | 5 000 |
| 　贷：固定资产清理 | | 5 000 |

| | | |
|---|---|---|
| 借：固定资产清理 | | 1 760 |
| 　贷：营业外收入 | | 1 760 |

"这是转让固定资产获取利润的账务处理?"我问。

钱宇凡点点头："只有转出价款高于固定资产账面净值，才能形成营业外收入啊。"

我问："那除此之外还有什么别的资产获得营业外收入的账务处理?"

钱宇凡说："还有无形资产、政府补助利得……很多科目的。"

我看完他的笔记，好一会儿才说："钱宇凡，你讲得很好。"

钱宇凡微笑："谢谢。"表情挺自得，有水平就是这么自信!

"但是，你介不介意再把营业外收入内容里的那几个利得分别给我解释一下?"我慢吞吞地问。

然后不出所料地看到他的脸僵了——嗯，再有水平的老师也挡不住基础烂渣渣的学生啊!

① 企业转让固定资产时，先结转固定资产原值和已提累计折旧额：

借：固定资产清理

　　累计折旧

　　贷：固定资产

收到双方协议价款：

借：银行存款

　　贷：固定资产清理

最后结转清理损益，若转出价款高于固定资产账面净值：

借：固定资产清理

　　贷：营业外收入

② 企业处置无形资产时，应按实际收到的金额等，借记"银行存款"等科目，按已计提的累计摊销，借记"累计摊销"科目，按应支付的相关税费及其他费用，贷记"应交税费""银行存款"等科目，按其账面余额，贷记"无形资产"科目，按其贷方差额，贷记"营业外收入——处置非流动资产利得"科目，已计提减值准备的，还应同时结转减值准备。

③ 确认的政府补助利得，借记"银行存款"、"递延收益"等科目，贷记本科目。

（1）与资产相关的政府补助：

收到与资产相关的政府补助时：

借：银行存款

　　贷：递延收益

分配递延收益时：

借：递延收益

　　贷：营业外收入

（2）与收益相关的政府补助收到与收益相关的政府补助时：

借：银行存款

　　贷：营业外收入

讲完这些利得（如图5-10），钱宇凡有气无力地问我："还有什么不会的吗？"

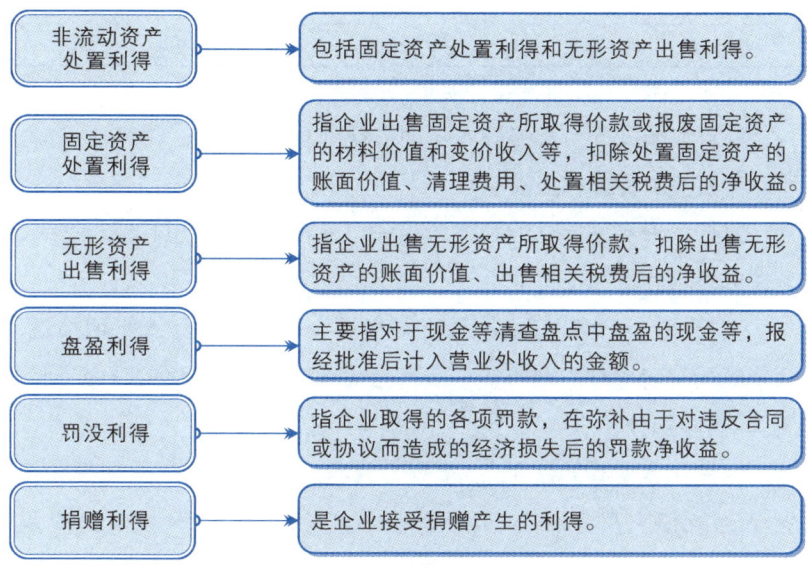

| 非流动资产处置利得 | → | 包括固定资产处置利得和无形资产出售利得。 |
| 固定资产处置利得 | → | 指企业出售固定资产所取得价款或报废固定资产的材料价值和变价收入等，扣除处置固定资产的账面价值、清理费用、处置相关税费后的净收益。 |
| 无形资产出售利得 | → | 指企业出售无形资产所取得价款，扣除出售无形资产的账面价值、出售相关税费后的净收益。 |
| 盘盈利得 | → | 主要指对于现金等清查盘点中盘盈的现金等，报经批准后计入营业外收入的金额。 |
| 罚没利得 | → | 指企业取得的各项罚款，在弥补由于对违反合同或协议而造成的经济损失后的罚款净收益。 |
| 捐赠利得 | → | 是企业接受捐赠产生的利得。 |

**图5-10　营业外收入包括的内容**

老师的血条都已经见底了，我觉得我还是很有眼力见儿的，乖乖地摇头说："没了。"

钱宇凡顺势就发表了一通授课完结感慨："小美，我头一次发现，收入也是这么让人头疼的一件事啊。"

然后……他就被我打得抱头鼠窜了。

哼，就知道钱宇凡你个坏蛋是在嫌弃我！

 **让人心疼的损失**

营业外收入属于利得，主营业务收入和其他业务收入是收入，其实利得和损失，收入和费用差异还是蛮大的（见表5-3）。

表 5-3                     利得和损失，收入和费用的区别

|  | 利得和损失 | 收入和费用 |
|---|---|---|
| 来源 | 非日常活动 | 日常活动 |
| 概念 | 强调"净流入""净流出"的概念 | 强调"总流入""总流出"的概念 |

　　利得和损失分为直接计入当期损益的利得和损失，和直接计入所有者权益的利得和损失。

　　直接计入当期损益的利得、损失，是指企业发生的与日常活动无关的各项利得和损失。

　　直接计入所有者权益的利得和损失，是指不应计入当期损益、会导致所有者权益变动的、与所有者投入资本或向所有者分配利润无关的利得或损失。

　　这里，我便有问题了："宇凡，直接计入当期损益的利得和损失我还能懂，那直接计入所有者权益的利得和损失，到底是什么？"

　　钱宇凡说："直接计入所有者权益的利得和损失，主要有六种（如图 5-11）。"

　　说到了损失，就不能不说资产减值损失了。

　　资产减值损失是指因资产的账面价值高于其可收回金额而造成的损失。

　　看这个定义，我有了疑惑："宇凡，我怎么觉得这个意思是说资产减值损失不是一种真实存在的损失啊？"

　　"其实这个损失只是说明了咱们现在卖出去这项资产的话，比起它的账面价值要小的金额。如果我们不卖它，它当然就不是真实存在的。但如果我们把它卖出去了，它不就真实存在了嘛。"钱宇凡解释说。

　　我想了想，觉得也对。于是又问他："那哪些资产可以计提资产减值损失呢？"

　　"所有资产发生减值的时候，原则上都应当对所发生的减值损失及时加以确认和计量。"钱宇凡说。

```
              直接计入所有者
              权益的利得和损失
```

| 可供出售金融资产的公允价值变动 | 权益法下被投资单位其他所有者权益的变动 | 与计入所有者权益项目相关的所得税 | 固定资产等转为投资性房地产时公允价值变动 | 以权益结算的股份支付而形成的费用 | 利用衍生工具进行套期时产生的利得和损失 |
|---|---|---|---|---|---|
| 按照新准则的规定，如果可供出售金融资产的公允价值上升，则会增加"资本公积——其他资本公积"借记"可供出售金融资产——公允价值变动"科目，贷记"资本公积——其他资本公积"科目；反之，则减少"资本公积"，应作相反的分录。 | 对于被投资单位除净利润以外其他所有者权益的变动，在持股比例不变的情况下，企业按照持股比例计算应享有或承担的部分，调整长期股权投资的账面价值，同时增加或减少"资本公积——其他资本公积"。 | 资产负债表日，与直接计入所有者权益项目相关的递延所得税资产，要借记"递延所得税资产"科目，贷记"资本公积——其他资本公积"科目，与之相关的递延所得税负债，则借记"资本公积——其他资本公积"科目，贷记"递延所得税负债"科目。 | 按照新准则的要求，自用房地产、无形资产或存货等转换为采用公允价值模式计量的投资性房地产时，应当按照转换当日的公允价值计量。转换当日的公允价值大于原账面价值的，其差额为利得，增加"资本公积——其他资本公积"科目。 | 对于权益结算涉及职工的股份支付，应当按照授予日权益工具的公允价值计入成本费用，相应增加"资本公积——其他资本公积"科目。 | 照新准则的要求，在资产负债表日，满足运用套期会计方法条件的现金流量套期和境外经营净投资套期产生的利得或损失，属于有效套期的部分，借记或贷记有关科目，贷记或借记"资本公积——其他资本公积"科目。 |

**图 5-11  营业外收入包括的内容**

问完这个问题，我觉得似乎没什么好问的了，不由眼巴巴地望着钱宇凡："你对这个科目还有什么心得吗？"

钱宇凡笑了，揉了揉我的脑袋，说："其实这个科目需要注意的东西倒是不多（如图 5-12）。"

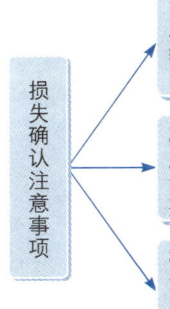

损失确认注意事项

1. 可收回金额的计量结果表明，资产的可收回金额低于其账面价值的，应当将资产的账面价值减记至可收回金额，减记的金额确认为资产减值损失，计入当期损益，同时计提相应的资产减值准备。

2. 资产减值损失确认后，减值资产的折旧或者摊销费用应当在未来期间作相应调整，以使该资产在剩余使用寿命内，系统地分摊调整后的资产账面价值（扣除预计净残值）。

3. 资产减值损失一经确认，在以后会计期间不得转回。但对以摊余成本计量的金融资产确认减值损失后，如有客观证据表明该金融资产价值已恢复，原确认的减值损失应当予以转回，计入当期损益。

**图 5-12  损失确认的注意事项**

　　钱宇凡特别提醒说："记得期末的时候要把'资产减值损失'科目的余额转入'本年利润'科目，'资产减值损失'科目期末是无余额的哦。"

　　然后，钱宇凡给我举了一个计提资产减值损失的例子——

　　2014 年年初，美宇幸福公司应收 B 公司账款为 100 万元，2 月份 B 公司经营不善导致财务状况不佳时，美宇幸福公司计提坏账准备 10 万元，3 月份 B 公司财务状况不见好转继续下滑，美宇幸福公司预计此项账款的可收回金额为 70 万元。

　　则 3 月份美宇幸福公司应计提减值准备＝账面余额－已计提坏账准备－可收回金额＝100－10－70＝20（万元）。

　　美宇幸福公司 3 月份会计分录为：

借：资产减值损失——计提坏账准备　　　　　　　　200 000
　　贷：坏账准备　　　　　　　　　　　　　　　　　200 000

　　讲完这个，钱宇凡就问我："小美，你知道什么是商誉吗？"

　　商誉，是能使企业中的人、财、物等因素在经济活动中相互作用，形成一种"最佳状态"的客观存在。能在未来期间为企业经营带来超额利润的潜在经济价值，或一家企业预期的获利能力超过可辨认资产正常获利能力（如社会平均投资回报率）的资本化价值。商誉是企业整体价值的组成部分。在企业合并时，它是购买企业投资成本超过被合并企业净资产公允价值的差额。

　　我只是大概知道这是个什么东西，但它的详细含义，就只能让钱宇凡给我讲了。

　　钱宇凡说："商誉计算的时候，遇到的一般都是非同一控制下形成的控股合并，商誉即是实际付出的合并成本大于应该享有的被投资单位的可辨认净资产的公允价值的份额的部分。如果是全资子公司的，商誉就是全部应该由母公司在合并报表中确认的；如果不是全资子公司的，那么合并报表中的商誉是不包括少数股东权益享有的商誉……"

　　他讲到这里，我突然觉得有些不对，于是打断了他："等等。

商誉是什么，怎么计算的，跟资产减值损失有关系吗?"

我们正好好地讲着资产减值损失呢，他怎么就拐了话题了呢!

钱宇凡示意我少安毋躁:"商誉也是要计提资产减值损失的，而且商誉是资产负债表必须要进行减值测试的资产。并且相比于其他的资产来说，商誉是比较特殊的。所以我们才要了解一下商誉啊!"

商誉减值测试的实质:

因为除了商誉和摊销年限不确定的无形资产以外的几个资产都是出现了减值迹象以后才进行减值测试，商誉则是必须在每个资产负债表日都要进行减值测试。对商誉进行减值测试其实就是集团公司对于旗下的子公司的净资产进行减值测试。所以这里的资产组其实就是整个子公司。对于商誉来说由于不能分摊到具体那个资产组，那么处理是类似于不能合理分摊的总部资产。处理不同的是商誉和整个子公司作为整体以后，如果发生减值的，减值首先要递减商誉，如果是非全资子公司的，减值应该递减全部的商誉(包含少数股东权益部分的商誉)。然后如果一项资产存在可收回金额的，那么减值的分摊额度是有限制的，分摊减值后的账面价值不能够低于该项资产的可收回金额，那么这个减值的额度就是该项资产的分摊减值的限额。

"当你遇到商誉减值这个问题的时候，就要注意了，因为这里的处理是要讲究方法的。"钱宇凡说。

这个方法，我看了一会儿，却始终不太能看明白:"商誉的减值处理为什么这么复杂?"

钱宇凡解释说:"商誉的减值测试方法程序是固定的，第一步说白了就是一个试探性的步骤。如果检测发现资产组发生减值的，那么证明商誉已经全部减值，资产组确认的减值可以认为是不包含商誉的资产组应该确认的减值，那么这个时候商誉的减值测试到此为止，不必要进入到第二步了;如果第一步测试表明资产组没有发生减值的，那么为了进一步确认商誉是否发生了减值就需要进入第二步的处理。"

商誉减值的处理方法如图 5-13 所示。

**第一步**

> 1 首先要对于不含有商誉的资产组进行减值测试。如果资产组发生价值了，那么商誉是肯定发生减值了，那么把商誉整体确认减值，把计算出来的减值确认为资产组的减值。如果不包含商誉的资产组没有发生减值的，为了进一步判断商誉是否发生了减值，那么需要进入第二步。

**第二步**

> 2 对包含商誉的资产组进行减值测试。如果发生减值的应该先抵减商誉的价值；如果抵减完毕之后有差额的，应该确认为资产组的减值。其中对于商誉减值的部分应该按照股权比例确定集团公司应该反映的商誉减值准备；同时对于资产组来说，确认的减值仍然需要按照股权比例计算应该分担的减值，确认为当期的减值损失。

**图 5-13    商誉减值的处理方法**

顿了一下，钱宇凡继续说："所以商誉减值的处理程序基本上都是有用的，第一步无法解决的进入第二步。这种计算方法基本上类似于计算机程序设计，第一个步骤能够完成的工作不会转入第二个步骤；第一个步骤不能完成的工作自动转入第二个步骤，这样的处理方式应该说是比较先进的。小美你多拿实际案例来验证一下，就知道啦。"

好吧……既然这样，我就只能到公司之后再去找答案了。毕竟咱们美宇幸福公司可还没有商誉这么高端大气上档次的玩意儿啊！唉！

# 第六章

## 收获！一切如愿以偿

各种利润指标的区别
利润的构成
增加利润的方式
企业所得税的计算
实收资本的概念与核算
资本公积的含义
净利润的分配顺序
利润分配的概念
月末账务处理工作内容

通过本章，小美掌握了如下技能

# 赚钱到底赚的是什么钱

时间过得飞快，我们美宇幸福公司自创办以来已经有两个月了。一天我心血来潮问宇凡说："老钱啊，咱们公司已经开办很久了吧？那咱们的利润有多少了呢？"

钱宇凡一眼看出了我是消遣他，放下电脑，不紧不慢地反问我："你说的是什么利润？"

这下轮到我傻眼了，难道利润也有区分？

钱宇凡鄙视地看我："小美，亏你还是学财务的，难道不知道利润分了好几种吗？"

如果我们问一家公司的利润如何，其实这是不科学的说法。对于财务人员而言，利润有好几种。如果从利润表来看，利润分为利润总额、营业利润以及净利润（如图6-1）。

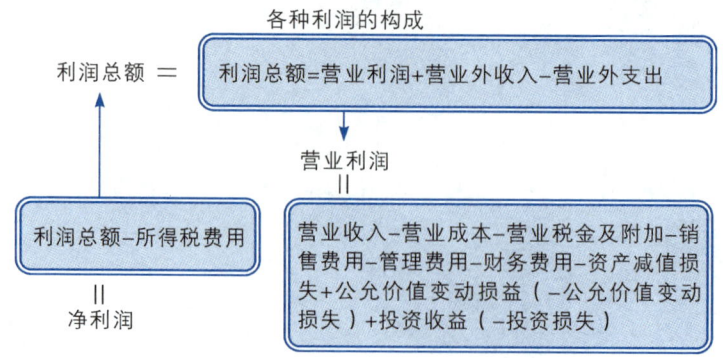

图6-1　各种利润构成

营业外收入主要包括：非流动资产处置利得、非货币性资产交换利得、出售无形资产收益、债务重组利得、企业合并损益、盘盈利得、因债权人原因确实无法支付的应付款项、政府补助、教育费附加返还款、罚款收入、捐赠利得等。

营业外支出是指：企业发生的与企业日常生产经营活动无直接关系的各项支出。包括非流动资产处置损失、非货币性资产交换损失、债务重组损失、公益性捐赠支出、非常损失、盘亏损失等。

说到这里，钱宇凡顿时有了兴致来教训我了："你兴致勃勃地提利润，但你对利润的了解有多少呢？你知道利润到底有什么特征吗？"

这么专业的问题，我理所当然地是回答不出来的。我瞥了他一眼，示意他还是自己主动交代吧（如图6-2）。

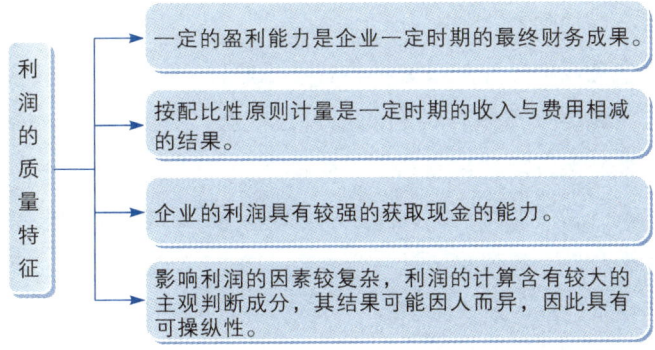

**图6-2 利润质量特征**

说完，钱宇凡就接着问我了："知道利润的效果有什么吗？"我摇了摇头。随后宇凡在纸上给我画了示意图（如图6-3）。

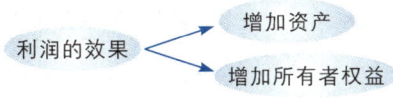

**图6-3 利润的效果**

钱宇凡解释说："这个你可以从会计分录中追溯出来，每一笔利润的增加必然是对应着资产或者所有者权益的增加。"

然后不等我发表意见，他又问我："知道获得利润的代价是什么吗？"

我终于受不了对他吹胡子瞪眼的表情，不耐烦地说："不知道！快说！"

钱宇凡笑了笑，老实交代了（如图6-4）。

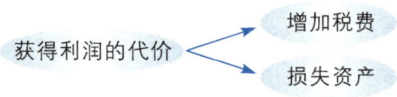

**图6-4　获得利润的代价**

钱宇凡向我显摆了这么久，我自然是要反击反击他。于是，我又向他提出了一个问题："你说了这么多利润的特点，那你知道利润要怎么增加吗？"

钱宇凡沉思了片刻，竟然转移了话题："想要知道利润怎么增加，首先你要分清楚各种利润都包括什么。比如说吧，像利润总额，它就分为正常利润和非正常利润的。"

在收益总括观点下，利润总额是收支项目和前期调整项目；但在损益表中，许多国家还是在计算利润总额（或会计收益）之前，将当期经营过程中所产生的利润（正常利润）和其他损益（非正常利润）分开列示（如图6-5）。

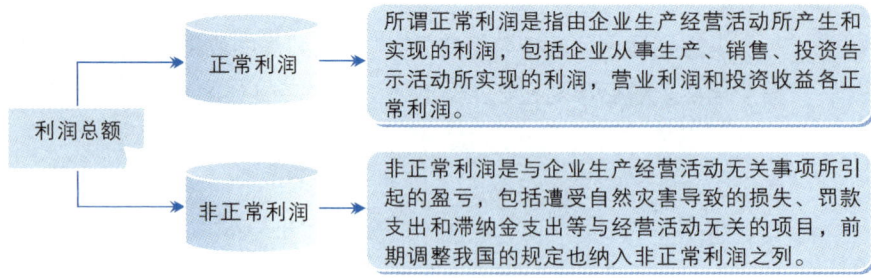

**图6-5　利润总额的构成**

由于产生正常利润和经营活动，可由企业管理部门控制，而非正常利润是不可控制的，因而，将利润划分为正常利润和非正常利润（即在损益表中分开列示）对于衡量企业管理部门的经营管理效率更客观、更准确。

"利润总额应该不是我们传统意义上企业获取的利润吧？"我觉得有些不对。

钱宇凡挑眉："你觉得什么是传统意义上企业获取的利润？"

我说："起码得是毛利润吧。"

钱宇凡说："利润总额是减去了费用后的利润，而毛利润是指销售收入扣除主营业务的直接成本后的利润部分。其中的直接成本不包括企业的管理费用、财务费用、销售费用、税收等。毛利润好比是没有被期间费用拔毛的利润哦。这两者确实不是一样的。"

这下我得意了，钱宇凡说的话证明了我是对的嘛，所以他讲的利润总额的概念根本就是没用的！我肯定地说："毛利润不就是营业利润嘛！"

不料我一说完，钱宇凡就爆发了惊天动地的笑声："小美你胡说什么啊！毛利润怎么会是营业利润呢！"

不……不是吗？营业赚的利润不是毛利润？

我不敢置信。

钱宇凡已经解释道："营业利润确实是营业赚取的利润，但是它计算的是整个企业的营业利润。用的是营业收入减去营业成本减去各种费用，还牵扯到资产减值损失之类的科目。但毛利润却是用总收入乘以利润率，一般用来计算某种产品的利润。它们怎么可能一样呢？"

他这么一说，好像也是有点道理的。但是完全认输又好像太丢面子了，于是我嘴硬说："就算我说错了吧，那营业利润该怎么增加你知道吗？"

钱宇凡说："这有什么难的，从它的计算公式开始就知道了。"

营业利润主要内容为主营业务利润和其他业务利润扣除期间费用后的余额。其中：

**主营业务利润=主营业务收入-主营业务成本-营业税金及附加**

　　主营业务收入是企业为完成经营目标而从事的日常活动中的主要活动所产生的收入。一般占企业收入的比重较大，对企业的经济效益产生的影响也较大。不同行业企业的主营业务收入所包含的内容不同，如工业性企业的主营业务收入主要包括销售商品、自制半成品、代制品、代销品、提供工业性劳务等取得的收入，商品流通企业的主营业务收入主要指销售商品所取得的收入。

　　主营业务成本是指公司生产和销售与主营业务有关的产品或服务所必须投入的直接成本，主要包括原材料、人工成本（工资）和固定资产折旧等。"主营业务成本"用于核算企业因销售商品、提供劳务或让渡资产使用权等日常活动而发生的实际成本。

# 其他业务利润=其他业务收入-其他业务支出

　　其他业务收入是主营业务以外的其他日常活动中所产生的收入，一般企业的收入比重较小，如工业企业的其他业务收入主要包括转让技术取得的收入、销售材料取得的收入、包装物出租收入、固定资产出租收入、无形资产出租收入、提供非工业性劳务收入等。

　　其他业务成本为核算企业除主营业务活动以外的其他经营活动所发生的成本。包括：销售材料成本，出租固定资产折旧额，出租无形资产摊销额，出租包装物成本或摊销额。

　　钱宇凡写出这两个公式，便跟我讲："你看这两个公式，我们可以知道增加营业利润主要是看公司的主营业务利润和其他业务利润这两个关键指标。而这两种利润的构成则是收入与成本的差额。所以增加营业利润的手段不就一目了然吗？增加收入，并减少费用，把涉及这些相关业务的收入努力增加，涉的相关费用都尽量减少。这样多赚钱，少花钱，不就赚的钱多了嘛。"

　　他讲得清晰明了，我听得心里很是服气。但嘴上我是绝对不会认输的，硬着口气说："说来说去不就是开源节流嘛，明明这么简单的问题，还要用这么一大串地来说，真啰唆！"

　　而钱宇凡也一向好脾气，首先认输说："嗯，是我太好为人师表了。主要是我和你在一起之后，总是一不小心就会想到我们未来的孩子将会多么可爱，那时我一定特别乐意教给他一些财务知识，所以不由自主地就先在你身上演练一番了。"

孩……孩子？

这个话题钱宇凡倒是提到过好几次了，不是说我们如果有孩子了就自己带吧，就是以后我们该怎么教育自己的孩子呢……弄得我心里砰砰跳的，总是脸红耳赤地想到跟他一起组成一个小家的情形。

只是，钱宇凡这个坏家伙，都提到孩子了却还没跟我求过婚啊！大笨蛋！

 # 会计男可嫁吗

那天晚上不知为什么，我心里总是忐忑不安，而且矛盾重重。既期盼宇凡早些向我求婚，同时也对未来的婚姻生活有种莫名的小紧张。因此，一宿都没有睡好。

第二天上班的时候，我就有些无精打采了。

于晶问我怎么了，我忸怩了一下，还是老实说了我的困扰——这段时间的相处，我已经渐渐把于晶当作朋友了。

于晶听完，饶有兴致地问我："你男朋友也是做财务的吧？"

我点点头："是我之前那家公司的财务副总。"

"你觉得找一个财务男好吗？"于晶略有停顿后，吞吞吐吐继续说，"我是说……你觉得你跟你男朋友结婚会幸福吗？"

这下我一听就炸了，什么意思？你是对我跟我男朋友在一起有意见？

"我觉得挺好的。有不会的业务他会教我，有什么财务问题他解决，平时做事也细心，我觉得有了他之后，我的生活都有条理了许多呢。"我力挺钱宇凡。

于晶撇了撇嘴，说："细致倒是细致，但是你不觉得他们太斤斤计较了吗？而且两个人的账面都理得特别清楚，你的我的都算得明明白白的，而且金额甚至都精确到分！真是抠得要命！"

这倒是存在的问题，钱宇凡做事也是这种特色。但我并不觉得这是问题："算得清楚明白才过得好日子啊，而且他把账做精细了，我就省事了。不是吗？"

于晶的表情变成不可思议了："你不觉得会计男普遍矮丑穷，个性又爱计较，比女人都还女人吗？我就跟一个会计男交往过，之后我就再也没想过跟任何会计谈恋爱了。"

"这个还是看喜不喜欢吧。会计男确实有缺点，但别的职业的男人也不是完美无缺的。我喜欢他，就觉得他怎么做都可爱。不过我想如果我不喜欢他的话，肯定也会像你一样觉得他到处都是缺点。"

于晶耸耸肩："这倒也是，当时我跟那个同学谈恋爱也只是懵懂的一段感情。时间一长，我发现他斤斤计较的缺点越来越明显。做会计工作没问题，做男朋友就不适合了。"然后她拍拍我的肩膀说，"不过话也说回来，人和人是不一样的。斤斤计较的男人也并非只是会计男。你要是真喜欢他，真想嫁他的话，可以向他求婚啊。新时代女性求婚不丢人，上吧！"

这倒是给我打开了一扇新的大门。

想一想，如果我主动跟钱宇凡求婚的话，他个呆瓜一定会惊得目瞪口呆吧？哈哈！

我正傻乐呢，突然接到了总监的内线电话："小美，这个季度的所得税预缴你做了吗？"

我不慌不忙地说："交了，和增值税一起都申报了。地税那边要交的也交了，半个月前就已经全部处理完了。"

企业所得税是指对取得应税所得、实行独立经济核算的境内企业或者组织，就其生产、经营的纯收益、所得额和其他所得额征收的一种税。

我的话说完，电话那段沉默了片刻，才说："交了就好。"

我嘴角微翘："总监您还有什么事吗？没有的话我就先做事了。"

　　总监嗯了一声，就挂了电话。我拿着话筒，心里只觉得暗爽。公司的税务会计叫陈洁，所得税增值税这些税务的申报一向都是她报的，但是半个多月前她休了产假，然后总监就把她的工作给我们几个人平分了。

　　总监当时跟我说的时候，只说了国税要交增值税，所得税却是只字未提。因为所得税是按季度预缴。也就是每年4月、7月、9月以及次年1月预缴上季度的企业所得税。通常次年的3月份至5月份进行上一年度的汇算清缴，也就是对去年预缴税款按照税法要求进行一次"算总账"。

　　8月份的申报工作并不涉及所得税。但9月的申报工作需要预缴企业所得税。如果我接手之后不申报所得税的话，这就是我的工作失误了。

　　总监是过了申报期才提醒我是否进行所得税预缴，显然他是有意的。如果我工作怠慢，或者忘记了申报，很可能会让总监和凌丽抓住我的把柄。后果不堪设想呀。幸好我还算工作细致，纳税申报的时候注意了企业所得税的预缴事项。当然这也离不开宇凡对我的悉心指导。

　　在申报前的那个晚上，宇凡认真给我讲了企业所得税的相关知识（如图6-6）。

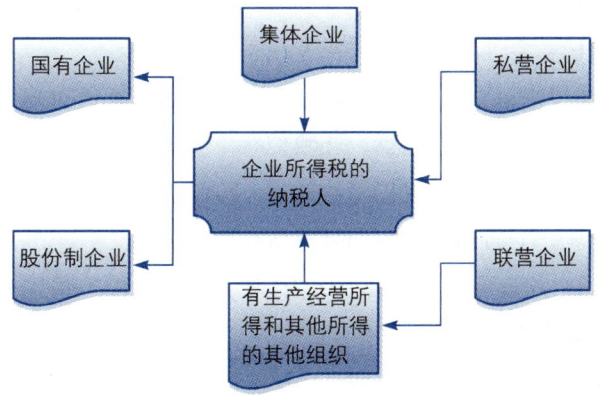

**图6-6　企业所得税纳税人包括的范围**

我们企业属于私营企业，是要缴纳企业所得税的。

企业所得税征税对象 ➡➡➡ 纳税人取得的所得

这些纳税人取得的所得里，包括销售货物所得、提供劳务所得、转让财产所得、股息红利所得、利息所得、租金所得、特许权使用费所得、接受捐赠所得和其他所得。

当时我问钱宇凡这笔企业所得税该怎么交时，他问我第一句话是："你知道企业所得税税率吗？"

我不假思索地说："25％！"

宇凡拍了拍我的脑袋，一脸坏笑地说："小同学，这样回答是不完整的！"企业所得税税率见表6-1。

**表6-1** **企业所得税税率**

| 分　　类 | 税率 |
|---|---|
| 内资企业和外资企业 | 25% |
| 国家需要重点扶持的高新技术企业 | 15% |
| 小型微利企业 | 20% |
| 非居民企业 | 20% |

这个我真不知道啊！在我的印象中，企业所得税税率只有一种，想不到还有其他税率。钱宇凡没办法了，就跟我说："你去问问以前的税务会计，你们之前用的税率是多少吧。"

我说："陈姐生孩子要回老家，昨天我们跟她通过电话，她说家那边信号不好接不到电话，让我们有事就给她留言呢！"

钱宇凡想了想，又提出了办法："那你去找找你们公司核定税率的认定表，上面也是有你们公司所得税税率的。"

"进不去档案室。管档案的小刘请假出国旅游，钥匙交给了总监，总监现在去外地出差了。"我说。

钱宇凡完全没脾气了，说："那你就给国税大厅打电话吧，国税那边有客服，让她给你想个辙出来。"

我听话地给国税拨去电话，按对方的指导去找了导税员，查出我们是属于高新企业，征收的税率是15%那一档。然后钱宇凡又教了我怎么计算应交所得税的税额。

$$企业所得税 = 应纳税所得额 \times 税率$$
$$应纳税所得额 = 收入总额 - 不征税收入 - 免税收入$$
$$- 各项扣除 - 以前年度亏损所得税$$

"这里要注意的是扣除项，有哪些情况可以扣除，法律是有规定的。"钱宇凡说。

所得税允许的扣除项：

（1）利息支出的扣除。

（2）计税工资的扣除。

（3）职工福利费、工会经费和职工教育经费的扣除。

（4）捐赠的扣除。

（5）业务招待费的扣除。

（6）职工养老基金和待业保险基金的扣除。

（7）残疾人保障基金的扣除。

（8）财产、运输保险费的扣除。

（9）固定资产租赁费的扣除。

（10）坏账准备金、呆账准备金和商品削价准备金的扣除。

（11）转让固定资产支出的扣除。

（12）固定资产、流动资产盘亏、毁损、报废净损失的扣除。

（13）总机构管理费的扣除。

（14）国债利息收入的扣除。

（15）其他收入的扣除。

（16）亏损弥补的扣除。

他一说税法"允许"的扣除项，我就很敏感地意识到了其中的潜台词："有哪些是不能扣除的吗？"钱宇凡很熟练地给我列出了几种所得税不能扣除的项目（如图6-7）。

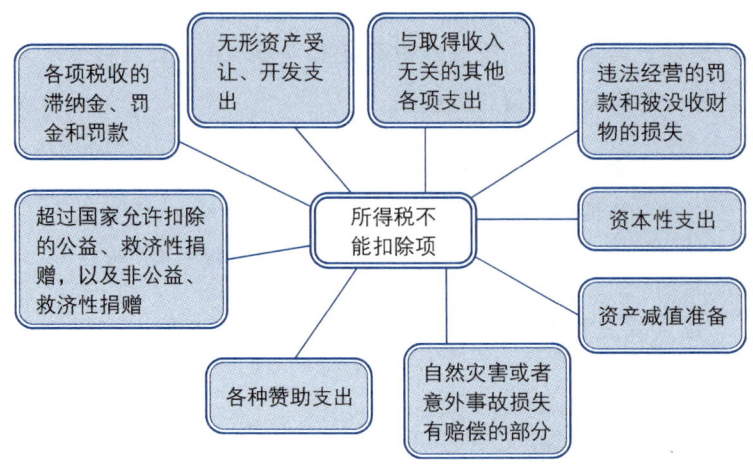

**图 6-7　企业所得税不能扣除的项目**

这些说起来简单，但实际操作时我却依然是一头雾水。我问钱宇凡："能不能用简单一点的话来说一下这个税到底该怎么交啊？"

钱宇凡想了想，问我："你手里有 9 月的利润表吧？"

我说是，他又问："之前几个月的利润表能找到吗？"

这个在陈洁给我的资料里都是有的。钱宇凡说："利润表上有一个本年累计数，你看本年累计的利润，假如你第一季度的本年利润累计为 A，那么当时你们预缴的就是 A×15% 的企业所得税。然后你看第二季度的利润表，假如你的利润表利润累计额小于 A（为 B），那么你那个月就不要交所得税，如果高于 A，那就要补交（B-A）×15% 的企业所得税，而第三季度是否缴纳税额也是以此类推的。也就是说，从第一季度开始到后面几个季度，你就依次比较损益表的利润累计额，如果后面期的大于前期中大的那个，那就要对差额按企业所得税率预缴所得税，如果小于就不用交。你先用前两个季度的报表验证一下，然后再计算本季度的所得税额，可以吗？"

企业所得税按年计算，但为了保证税款及时、均衡入库，对企业所得税采取分期（按月或季）预缴、年终汇算清缴的办法。纳税人预缴所得税时，应当按纳税期限的实际数预缴，按实际数预缴有困难的，可以按上一年度应纳税所得额的 1/12 或 1/4，或者经当地税务机关认可的其他方法分期预缴所得税。预缴方法一经确定，不得随意改变。

我听话地跟着钱宇凡所说的，一步一步地归纳并计算，整整弄了一天，总算是把这个季度应交的所得税税额弄了出来。

这期间，我好几次都生出了想撂挑子的心思。但最终，我还是坚持了下去。也幸好我的坚持才能让总监出乎意外，出色地完成了预缴工作。没有让他挑出我的毛病。简直是大快人心啊！

这个时候，谁还敢说会计男不可嫁？要不是有宇凡，我怎么会有能力反击总监，而得以自保呢！

# 你才是我最大的实收资本

总监给我设定的圈套对我来说就像是一场濒死的挣扎，被我破解之后，就再无声息了。风平浪静上了几天的班，周六的时候，钱宇凡突然神神秘秘地跟我说，有个惊喜要给我看。

什么惊喜？我问了钱宇凡好几次，他却怎么都不肯说，只是说，到地方我就知道了。

然后我就心里好奇不已地被他带到了一个新开的楼盘……"这是？"我心里激动不已，难道是他买的房子？

而钱宇凡很快就验证了我的想法。他拉着我看了整个房子："这里是客厅，这里是我们的卧室，这里到时候做一面墙的整体书柜，这个房间就做书房。还有这边，这边的阳光特别充足，我想把它装修成婴儿房，这样我们未来的孩子就能在阳光下健康成长了！"说完，他突然对着我单膝跪下，从口袋里掏出了一枚钻戒，说，"小美，我把一切都准备好了，请你跟我一起生活吧！"

这时，我已经哭得难以自抑了。这个男人，他是一个典型的会计男，生活虽然井井有条，但有时又太刻意算计了。他处事谨慎，但讨厌他的时候，也会觉得他小心得太狠。而且他也不喜欢说甜言蜜语，更多的反而是给我讲业务……我爱他，所以我经常劝诫自己不要那么浅薄，不要总想着他的不足之处。却没想到，他会在今天用实际行动给我说一番最动人的情话：

我把一切都准备好了，请你跟我一起生活吧！

我感动地忘记了点头，钱宇凡却以为我在犹豫，他急得满头大汗，说："小美，房子是我们美宇幸福公司共同的财产！更是我们爱情的见证！同时也是我们爱情的实收资本，我们一起努力缔造一个幸福的家庭，你还有什么好犹豫的啊！"

他急切的样子让我哑然失笑，干脆地夺过钻戒套在自己的无名指上，然后揽住了他的脖子："我答应你。不过我要告诉你，我最大的实收资本不是这套房子，而是你！"

实收资本即所谓的发行资本（又称已发行资本），指的是股东实际将现金或实物投入公司的资本额，是指投资者按照企业章程或合同、协议的约定，实际投入企业的资本，它是企业注册登记的法定资本总额的来源，它表明所有者对企业的基本产权关系。

实收资本是企业永久性的资金来源，它是保证企业持续经营和偿还债务的最基本的物质基础，是企业抵御各种风险的缓冲器。

戴上了这枚戒指，我好几天都是美滋滋的。于晶见了便拿我打趣："看你这样子，是向钱宇凡求婚他答应了？"

我拿眼斜她："那多掉价！是钱宇凡向我求婚，我高抬贵手答应了好吗！"

于晶也是知道我们私下里虚拟美宇幸福公司学做账的事，笑嘻嘻地说："那可得恭喜你，你公司里的法人资本收入了重量级的一项啊！"

法人资本：是指其他法人单位投入本企业的资本。

我跟她斗嘴说："谁说是法人资本的，明明是我的个人资本嘛。现在我套上了他的戒指，他就是我的资本了好吗！"

个人资本是指社会个人或者本企业内部职工以个人合法财产投入企业形成的资本。

于晶很从善如流地说："好好，你说得对，他就是你的个人资本（如图6-8）。"

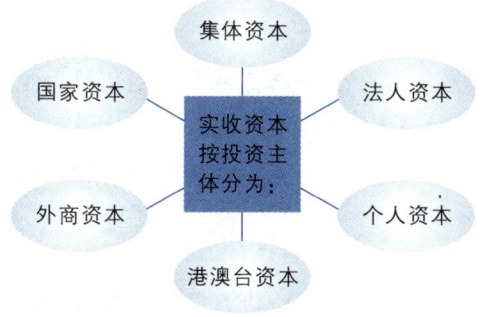

**图 6-8　实收资本的分类**

# 公积不要"母鸡"哦

于晶转了转眼睛，突然问我："哎，你要是给你家钱宇凡入账的话，你会入多少钱？这个问题……我想都没想，就说："一毛钱！"

于晶惊讶了："你觉得你家钱宇凡这么不值钱啊?"

"怎么可能！我家钱宇凡是无价之宝！"我反驳说。

于晶问："那你干嘛把他入账一毛钱?"

我觉得于晶真笨："我要是把他入账太高，让别人觊觎他了怎么办?"

于晶顿时一脸古怪，忍俊不禁道："就算你把'实收资本——钱宇凡'这一项只估价成一毛钱，但只要是会计都应该能看出其中的猫腻吧？毕竟这些资本溢价，都是要在'资本公积——钱宇凡'这一项里体现出来的啊！"

资本公积是指企业在经营过程中由于接受捐赠、股本溢价以及法定财产重估增值等原因所形成的公积金。资本公积是与企业收益无关而与资本相关的贷项。资本公积是指投资者或者他人投入企业、所有权归属于投资者，并且投入金额上超过法定资本部分的资本。

我呆了："是，是吗？'资本公积'科目不是企业因接受非现金资产捐赠而增加的资本公积吗？"

于晶说："这只是其中的一项啦，'资本公积'科目的内容可有六项呢（如图6-9)！"

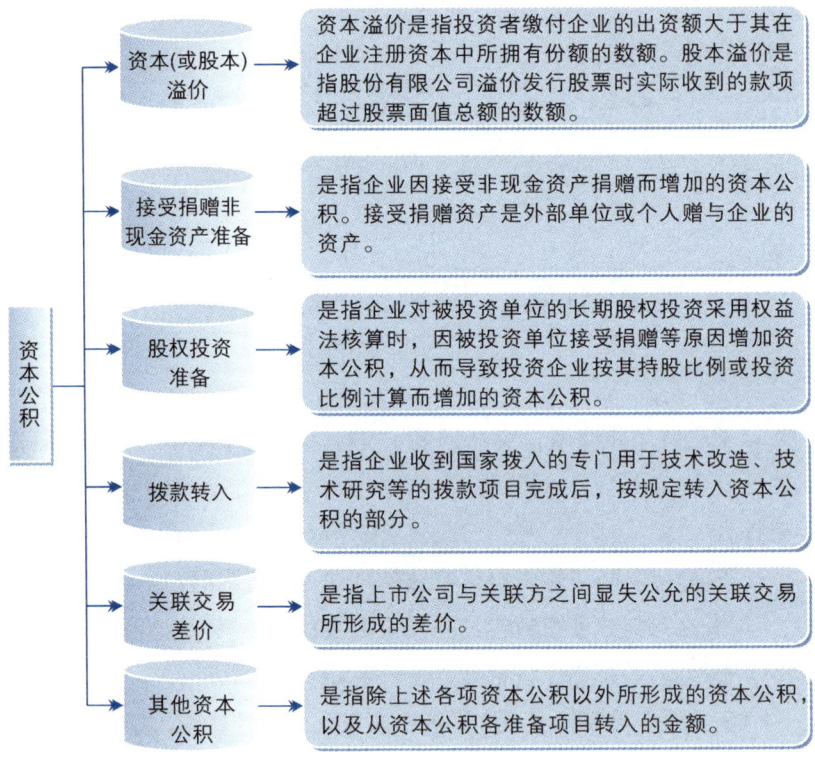

**图6-9　资本公积的分类**

"我记得还有一个盈余公积吧？那它就是资本公积里面还要多出来一部分公积吗？"我问。

这下于晶开始嘲笑我没文化了，并且用广东话说了句："公积不要'母鸡'哦！"

知道她在拿我取笑，我自然不能放过她，用手中的铅笔去戳她的痒痒肉。玩笑过后，于晶对我说：

"盈余公积是指公司按照规定从净利润中提取的各种积累资金，跟资本公积有什么关系！"

盈余公积是指公司按照规定从净利润中提取的各种积累资金。盈余公积根据其用途不同，分为公益金和一般盈余公积两类。前者以国家的法律或行政规章为依据提取；后者则由企业自行决定提取。公益金专门用于公司职工福利设施的支出。按现行规定，上市公司按照税后利润的 5%～10% 的比例提取法定公益金。盈余公积主要用于弥补公司亏损，扩大公司生产经营，转增公司资本。

我呆住了："这是怎么回事？明明这两个都是'公积'，怎么就没有关系了呢？"

于晶耐心地解释说："因为他们俩的来源不同啊。资本公积与企业盈利无关，盈余公积直接来源于企业的利润。这就像一个是牛妈妈生的，一个是猪妈妈生的，虽然生的都是牲口，但你能说他们俩是一个种族吗？"

这个比喻太生动了，简直让我无言以对。

我只好转移了话题："你说盈余公积是从净利润里提取的？"

于晶点了点头："是啊。"

"那它是怎么提取的呢，以一个什么样的程序？"我问。

于晶说："这就要说到'利润分配'科目了。"

利润分配，是将企业实现的净利润，按照国家财务制度规定的分配形式和分配顺序，在企业和投资者之间进行的分配。

"净利润算出来之后，要按照'计算可供分配的利润→提取法定盈余公积金→提取任意盈余公积金→向股东（投资者）支付股利（分配利润）'的顺序（如图 6-10），来将之分配了。这个利润分配的过程与结果是关系到所有者的合法权益能否得到保护，企业能否长期、稳定发展的重要问题，所以一定要特别关注。"于晶说。

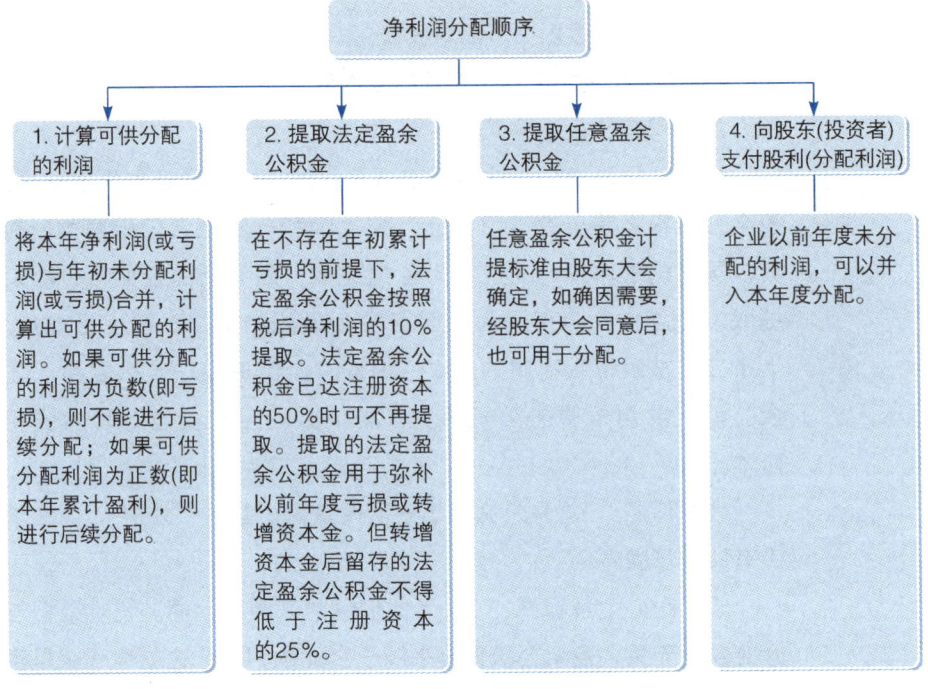

**图 6-10 净利润分配顺序**

公司股东会或董事会违反上述利润分配顺序，在抵补亏损和提取法定公积金之前向股东分配利润的，必须将违反规定发放的利润退还公司。

"这个净利润，就是'本年利润'科目吧?"我问。

于晶点了点头："对啊，它核算的就是企业当期实现的净利润。企业期末结转利润时，应将各损益类科目的金额转入本科目，结平各损益类科目。结转后本科目的贷方余额为当期实现的净利润；借方余额为当期发生的净亏损。"

顿了一下，她继续说："等年度终了的时候，就将把本年收入和支出相抵后结出的本年实现的净利润，转入'利润分配'科目，借记本科目，贷记'利润分配——未分配利润'科目；如为净亏损做相反的会计分录。结转之后，这个科目就没有余额啦。"

原来如此。

我觉得整个会计过程似乎都在我面前明了起来，自己在心里将了一遍，觉得似乎还不够圆满。于是向于晶寻求帮助说："晶晶，马上就要月末了，到时候你教教我做期末处理呗。"

"好啊。"于晶爽快地答应了。

 # "临门一脚"结利润

每一个账务期，对我而言都是一个锻炼的过程，所以我很期盼月初账务期的到来。

但在账务期到来之前，我却先收到了一个好消息——我提前通过了试用期！

那一天我记得很清楚，刚上班我便被财务副总叫到了办公室。其实我当时就已经有些预感了。副总嘛，总是高高在上，很少和一线基层财务人员打交道。他突然间叫我，无非有两种可能：一种是我顺利通过试用期，一种是我被辞退。除此之外，还会有什么别的事呢？

果不其然，副总见到我，先是对我大加赞赏。他非常认可我这一段的工作，并且夸赞我有上进心，工作热情，勉励我以后再接再厉。最后他正式向我宣布，提前通过了试用期！

虽然早有预感，但我依然欣喜若狂，感觉是从副总办公室飘了出来。回到财务部，于晶和其他同事们打开香槟，向我飘洒彩带，庆祝我正式成为公司一员。

"欢迎你正式成为我们的同事！"大家齐声说。

而我已热泪盈眶，只知道不停地鞠躬："谢谢，谢谢。"

后来张蓉跟我说，虽然我在财务部时间不长，但我有亲和力，与身边同事能够很快融为一体。而凌丽则总是高高在上，一副盛气凌人的架势。每个人都期待我能取代凌丽，给财务部带来更加轻松、和谐的氛围。我想，能够得到身边同事的认可，正是我能够在

这里立足的基础。

于晶打趣我说:"变成正式员工了就是不一样了啊,工作积极得都快让我们集体失业了。"

我只傻笑:"拿着五险一金,总得比拿商业意外保险作出更多的贡献才是,要不然老板会觉得这五险一金白给我了呀!"

随后我话锋一转,对于晶说:"晶晶,来给我讲讲,这个期间费用的结转是怎么回事?"

"转进本年利润啊,现在绝大多数财务软件都可以自动结转。你核对一下就行了。有什么好疑问的。"于晶说。

我问:"那就是说,费用只要归集到了对应的科目之后,咱们就不用再继续操作了吗?"

于晶说:"嗯。其实费用的整个产生过程很简单,买了办公用品,借记"管理费用"科目,贷记"银行存款"科目,期末就将这笔费用结转,借记"本年利润"科目,贷记"管理费用"科目。所以期间费用的期末,是没有余额的。"

期末期间费用的结转分录(图6-11):

借:本年利润

　贷:管理费用/销售费用/财务费用

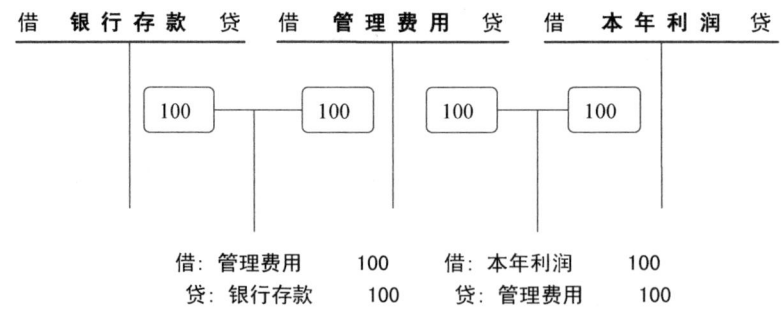

**图6-11 期末期间费用的结转分录**

我若有所悟:"这个科目就跟'利润分配'差不多吧,就是起了一个中转作用,做账的时候转进来,期末的时候再转出去,最后账户无余额。"

于晶笑了笑："从这个意义上来说，是一样的。不过两者还是有区别的，期间费用顾名思义是某个期间才有的费用，月末结账前必须结转到'本年利润'。而'利润分配'却是在年末才做，由'本年利润'转出，之后要从中提取盈余公积的。从这方面来说，两者天差地别。"

年末亏损及年末盈利情况下丁字账示意图见图6-12、图6-13。

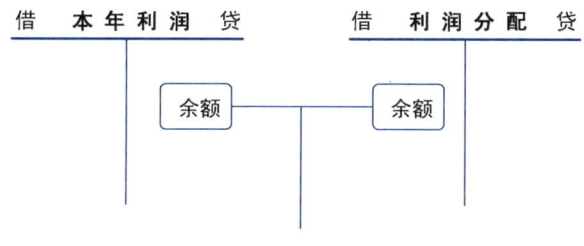

借：利润分配
贷：本年利润

**图 6-12　年末亏损情况下丁字账示意图**

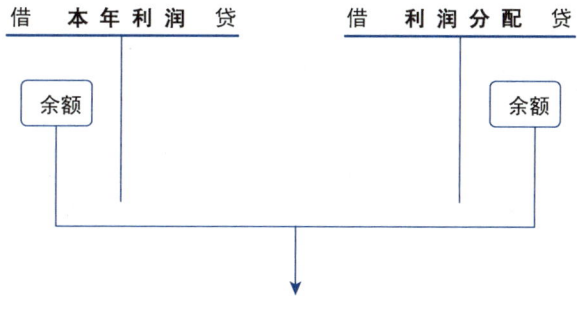

借：利润分配
贷：管理费用

**图 6-13　年末盈利情况下丁字账示意图**

原来如此。我又问："那收入和成本呢？他们期末怎么处理？"

于晶说："和'期间费用'一样结转到'本年利润'科目。"

期末成本的结转分录：

借：本年利润

　贷：主营业务成本

　　　其他业务成本

　　　营业税金及附加

期末收入的结转分录：

借：主营业务收入

　　其他业务收入

　　投资收益

　　营业外收入等

　贷：本年利润

这个……有了"期间费用"的基础，倒是不难理解了。"本年利润"科目主要的来源是主营业务收入、其他业务收入、营业外收入等，而扣除项则是主营业务成本、其他业务成本等各种成本，以及费用和税金。会计账务期的整个过程好比是足球场上的一次默契配合，从出纳到资金会计核算、成本归集、费用生成等一系列流程之后，最后的利润结转犹如足球场上的临门一脚，尤为重要，也是必不可少的。

损益类科目的结转其实也是从一个侧面解释了营业利润的公式。

于晶又问我："你还记得我们上个账务期快结尾的时候，大家常常会说'不要再动损益'了吧？"

我点点头，于晶说："其实那就是我们已经结转了损益科目，在算利润了。然后你这边核对了银行存款金额无误，出纳就会结账。出纳系统结了账，其他会计确认了自己那边的科目没有问题了，就会通知总账结账。然后就会出报表，一个账务期就结束了。"

发生业务→做账→结转→结账→出报表。

原来整个账务过程是这样的！

我终于把学校做的会计模拟实验和实际的业务操作联系起来了，觉得自己似乎摸到了会计的大门。

在于晶的带领之下，我也接触了一下财务报表最基础的知识。

资产负债表（见表6-2）在编制时，是根据有关账户的期末余额填列的。且一般采用对比式填列，即各项目均对比填列"年初数"和"年末数"，这样有利于进行纵向对比分析，了解各项目在本期的增减变动，便于年末现金流量表的编制。

表 6-2　　　　　　　　　　　**资 产 负 债 表**

单位名称：××××　　　　　　　2014 年 9 月 30 日　　　　　　金额单位：人民币元

| 资　　产 | 行次 | 期末数 | 年初数 | 负债和所有者权益 | 行次 | 期末数 | 年初数 |
|---|---|---|---|---|---|---|---|
| 流动资产： | | | | 流动负债： | | | |
| 货币资金 | 1 | | | 短期借款 | 36 | | |
| 短期投资 | 2 | | | 应付票据 | 37 | | |
| 应收票据 | 3 | | | 应付账款 | 38 | | |
| 应收账款 | 4 | | | 预收账款 | 39 | | |
| 减：坏账准备 | 5 | | | 其他应付款 | 40 | | |
| 应收账款净额 | 6 | | | 应付工资 | 41 | | |
| 预付账款 | 7 | | | 其中：含量工资包干结余 | 42 | | |
| 备用金 | 8 | | | 应付福利费 | 43 | | |
| 其他应收款 | 9 | | | 未交税金 | 44 | | |
| 待摊费用 | 10 | | | 未付利润 | 45 | | |
| 存货 | 11 | | | 其他未交款 | 46 | | |
| 其中：在建工程 | 12 | | | 预提费用 | 47 | | |
| 其他流动资产 | 13 | | | 其他流动负债 | 48 | | |
| 待处理流动资产净损失 | 14 | | | 一年内到期的长期负债 | 49 | | |
| 一年内到期的长期债券投资 | 15 | | | 流动负债合计 | 50 | | |
| 流动资产合计 | 16 | | | 长期负债： | 51 | | |
| 长期投资： | | | | 长期借款 | | | |
| 长期股权投资 | 17 | | | 应付债券 | 52 | | |
| 长期债权投资 | | | | | | | |
| 长期投资合计： | | | | | | | |
| 固定资产： | | | | 长期应付款 | 53 | | |
| 固定资产原价 | 18 | | | 其他长期负债 | 54 | | |
| 减：累计折旧 | 19 | | | 其中：专项应付款 | 55 | | |
| 固定资产净值 | 20 | | | 住房周转金 | 56 | | |
| 固定资产清理 | 21 | | | 长期负债合计 | 57 | | |
| 待处理固定资产净损失 | 22 | | | 递延税款： | | | |
| 固定资产合计 | 23 | | | 递延税款贷项 | 58 | | |
| 专项工程： | | | | 负债合计 | 59 | | |
| 专项工程 | 24 | | | 所有者权益： | | | |

（续表）

| 资　产 | 行次 | 期末数 | 年初数 | 负债及所有者权益 | 行次 | 期末数 | 年初数 |
|---|---|---|---|---|---|---|---|
| 无形资产及递延资产： | | | | 实收资本 | 60 | | |
| 　无形资产 | 25 | | | 资本公积 | 61 | | |
| 　递延资产 | 26 | | | 盈余公积 | 62 | | |
| 　无形资产及递延资产合计 | 27 | | | 　其中：公益金 | 63 | | |
| 其他资产： | | | | 未分配利润 | 64 | | |
| 　临时设施 | 28 | | | 　所有者权益合计 | 65 | | |
| 　减：临时设施摊销 | 29 | | | | | | |
| 　临时设施净值 | 30 | | | | | | |
| 　临时设施清理 | 31 | | | | | | |
| 　其他长期资产 | 32 | | | | | | |
| 　其他资产合计 | 33 | | | | | | |
| 递延税项： | | | | | | | |
| 　递延税款借项 | 34 | | | | | | |
| 　资产总计 | 35 | | | 负债和所有者权益总计 | 66 | | |

单位负责人：　　　　财务负责人：　　　　制表人：

　　利润表（见表6-3）是反映企业在一定会计期间经营成果的报表。有时，利润表也称为损益表、收益表。通过利润表，可以反映企业一定会计期间的收入实现情况，即实现的主营业务收入有多少、实现的投资收益有多少、实现的营业外收入有多少等等。还可以反映一定会计期间的费用耗费情况，即耗费的主营业务成本有多少、营业税金及附加有多少、营业费用、管理费用、财务费用各有多少、营业外支出有多少等等。

　　表6-3　　　　　　　　利　润　表

单位名称：　　　　　　　2014年度　　　　　　金额单位：人民币元

| 项　目 | 行次 | 上年累计 | 本年累计 |
|---|---|---|---|
| 一、工程结算收入 | 1 | | |
| 　减：工程结算成本 | 2 | | |
| 　　　工程结算税金及附加 | 3 | | |

| 项　　目 | 行次 | 上年累计 | 本年累计 |
|---|---|---|---|
| 二、工程结算利润 | 4 | | |
| 　　加：其他业务利润 | 5 | | |
| 　　减：管理费用 | 6 | | |
| 　　　　财务费用 | 7 | | |
| 三、营业利润 | 8 | | |
| 　　加：投资收益 | 9 | | |
| 　　　　营业外收入 | 10 | | |
| 　　　　用含量工资节余弥补亏损 | 11 | | |
| 　　减：营业外支出 | 12 | | |
| 　　　　结转的含量工资包干节余 | 13 | | |
| 　　加：以前年度损益调整 | 14 | | |
| 四、利润总额 | 15 | | |
| 　　　其中：亏损企业的亏损总额 | 16 | | |
| 　　减：所得税 | 17 | | |
| 五、净利润 | 18 | | |
| 补充资料：其他业务收入 | 19 | | |
| 　　　　汇编企业户数 | 20 | | |
| 　　　　亏损企业户数 | 21 | | |

单位负责人：　　　　　　财务负责人：　　　　　　制表人：

现金流量表（见表6-4）是财务报表的三个基本报告之一。所表达的是在一个固定期间（通常是每月或每季）内，一家公司现金（包含银行存款）的增减变动情形。

**表6-4**　　　　　　　　　　**现 金 流 量 表**

2014 年度

编制单位：　　　　　　　　　　　　　　金额单位：人民币元

| 项　　目 | 行次 | 本期金额 | 上期金额 |
|---|---|---|---|
| 一、经营活动产生的现金流量： | 1 | | |
| 　　销售商品、提供劳务收到的现金 | 2 | | |
| 　　收到的税费返还 | 3 | | |

（续表）

| 项　目 | 行次 | 本期金额 | 上期金额 |
|---|---|---|---|
| 收到的其他与经营活动有关的现金 | 4 | | |
| 经营活动现金流入小计 | 5 | | |
| 购买商品、接受劳务支付的现金 | 6 | | |
| 支付给职工以及为职工支付的现金 | 7 | | |
| 支付的各项税费 | 8 | | |
| 支付的其他与经营活动有关的现金 | 9 | | |
| 经营活动现金流出小计 | 10 | | |
| 经营活动产生的现金流量净额 | 11 | | |
| 二、投资活动产生的现金流量： | 12 | | |
| 收回投资所收到的现金 | 13 | | |
| 取得投资收益所收到的现金 | 14 | | |
| 处置固定资产、无形资产和其他长期资产所收回的现金净额 | 15 | | |
| 处置子公司及其他经营单位收回的现金净额 | 16 | | |
| 收到的其他与投资活动有关的现金 | 17 | | |
| 投资活动现金流入小计 | 18 | | |
| 购建固定资产、无形资产和其他长期资产所支付的现金 | 19 | | |
| 投资所支付的现金 | 20 | | |
| 取得子公司及其他营业单位支付的现金净额 | 21 | | |
| 支付的其他与投资活动有关的现金 | 22 | | |
| 投资活动现金流出小计 | 23 | | |
| 投资活动产生的现金流量净额 | 24 | | |
| 三、筹资活动产生的现金流量： | 25 | | |
| 吸收投资所收到的现金 | 26 | | |
| 其中：子公司吸收少数股东投资收到的现金 | 27 | | |
| 借款所收到的现金 | 28 | | |
| 收到的其他与筹资活动有关的现金 | 29 | | |
| 筹资活动现金流入小计 | 30 | | |

| 项　目 | 行次 | 本期金额 | 上期金额 |
|---|---|---|---|
| 偿还债务所支付的现金 | 31 | | |
| 分配股利、利润或偿付利息所支付的现金 | 32 | | |
| 其中：子公司支付给少数股东的股利、利润 | 33 | | |
| 支付的其他与筹资活动有关的现金 | 34 | | |
| 筹资活动现金流出小计 | 35 | | |
| 筹资活动产生的现金流量净额 | 36 | | |
| 四、汇率变动对现金的影响 | 37 | | |
| 五、现金及现金等价物净增加额 | 38 | | |
| 加：期初现金及现金等价物余额 | 39 | | |
| 六、期末现金及现金等价物余额 | 40 | | |

单位负责人：　　　　　　财务负责人：　　　　　　制表人：

　　至于这些报表该如何填报，我想还是需要认真学习。宇凡曾说过，财务报表大有学问。我想不久的将来，自己也可以轻松编制财务报表，分析财务成果，轻轻松松玩转财务报表的点点滴滴。

## 越深邃　越精彩

　　账务期前，我通过了试用期，得到了会计的岗位。但其实我心里还是有一个隐忧的，虽然我摆脱了凌丽，但对我有敌意的财务总监依然在岗，我害怕他会在某一时刻给我重新设个圈套。但所谓世事无常，幸福就是来得这么快。我这头还在担忧，没多久，账务期结束，我就听到了一个好消息——财务总监离职了，取而代之的是一直很照顾我的于晶！

　　并且随着这一次的岗位调整，张蓉也回到了办公室，接替了于晶的位置。也正是因为她，我才知道了这件事的整个来龙去脉。

　　原来，当初财务总监力挺凌丽，是以自己的位置为赌注的。他跟副总约好，如果我能胜任这个岗位，他就和凌丽一起走。但如果我不能胜任岗位，凌丽就要升职为财务部门的部门经理。

　　这样的赌注对副总而言百利而无一害，他当然就答应了。然后以接任财务总监为条件，让于晶暗地里帮助我站稳脚跟。但于晶对我这个岗位毕竟了解不深，为了得到总监的位置，她便寻求了张蓉的帮助，让有过经验的张蓉来当我的老师。

　　正是因为他们的层层保护，我才能在短短的两个多月里熟练地掌握了业务，成为一名合格的会计。

　　这样的事实当然让我有些受到打击，我一直以为是我自己的努力得到的职位，但没想到这里面竟然有这么多的蹊跷。

　　幸好有张蓉安慰我："你别想那么多。如果你没有能力的话，我们教得再好，你也记不住不是？什么都是假的，学到手的知识才是真的。琢磨这些有的没的，反倒落了下乘。"

　　我想想也对。不管他们是为了什么来教我的，我学到了知识，我也得到了大家的认可，这不就够了吗？

　　于是，我又高高兴兴地和她们一起去包凭证了。

　　不过这一次，组织的人变成了于晶。

　　于晶跟我讲过，凭证装订就是将会计凭证装订成册，从而方便保管和利用。装订之前，要设计一下，看一个月的记账凭证究竟订成几册为好。每册的厚薄应基本保持一致，不能把几张应属一份记账凭证附件的原始凭证拆开装订在两册之中，要做到既美观大方又便于翻阅。

　　我通过明镜财会微信平台了解到，国家为规范会计档案管理工作，提高会计档案现代化管理水平，财政部、国家档案局对原《会计档案管理办法》进行了修订，发布了新的《会计档案管理办法》（以下简称《管理办法》），于2016年1月1日起施行。

　　新《管理办法》肯定了电子会计档案的法律效力，电子会计凭证的获取、报销、入账、归档、保管等均可以实现电子化管理。

我为此由衷地表示欢迎，因为新《管理办法》允许符合条件的会计凭证、账簿等会计资料不再打印纸质归档保存，这样我们会计人也可以为节能环保作出自己的贡献了。但是一些会计资料依然需要归档：

（一）会计凭证，包括原始凭证、记账凭证；

（二）会计账簿，包括总账、明细账、日记账、固定资产卡片及其他辅助性账簿；

（三）财务会计报告，包括月度、季度、半年度、年度财务会计报告；

（四）其他会计资料，包括银行存款余额调节表、银行对账单、纳税申报表、会计档案移交清册、会计档案保管清册、会计档案销毁清册、会计档案鉴定意见书及其他具有保存价值的会计资料。

单位会计管理机构临时保管会计档案最长不超过三年。临时保管期间，会计档案的保管应当符合国家档案管理的有关规定，且出纳人员不得兼管会计档案。

这点确实需要注意。以前我在精典公司做出纳的时候，如果兼职做档案管理是违反规定的。

在包凭证的过程中，于晶还跟我谈起了会计档案保管的年限（见表6-5）。按照最新的规定，会计档案保管的年限分为10年、30年和长期。

表6-5　　　　　　　　企业和其他组织会计档案保管期限表

| 序号 | 档案名称 | 保管期限 | 备注 |
|---|---|---|---|
| 一 | 会计凭证 | | |
| 1 | 原始凭证 | 30年 | |
| 2 | 记账凭证 | 30年 | |
| 二 | 会计账簿 | | |
| 3 | 总账 | 30年 | |
| 4 | 明细账 | 30年 | |
| 5 | 日记账 | 30年 | |

（续表）

| 序号 | 档案名称 | 保管期限 | 备注 |
|---|---|---|---|
| 6 | 固定资产卡片 | | 固定资产报废清理后保管5年 |
| 7 | 其他辅助账簿 | 30年 | |
| 三 | 财务会计报告 | | |
| 8 | 月度、季度、半年度财务会计报告 | 10年 | |
| 9 | 年度财务会计报告 | 永久 | |
| 四 | 其他会计资料 | | |
| 10 | 银行存款余额调节表 | 10年 | |
| 11 | 银行对账单 | 10年 | |
| 12 | 纳税申报表 | 10年 | |
| 13 | 会计档案移交清册 | 30年 | |
| 14 | 会计档案保管清册 | 永久 | |
| 15 | 会计档案销毁清册 | 永久 | |
| 16 | 会计档案鉴定意见书 | 永久 | |

曾有一次我还做出纳的时候，宇凡跟我卖关子，问我会计是啥？当时刚接触财务工作的我一头雾水。但此刻我明白了，会计更像是按照编年体记录公司发展过程的史官。

把一册册凭证都装箱，收入档案室，这一个账务期才算是完全地结束了。

这一次，负责归档的人是我和于晶。我正在将凭证放进档案盒里，于晶跟我说："记得你刚来的时候，那会儿我们也在包凭证。"

我手上不停，说："是啊。那个时候凌丽故意冷落我，还是你带我去吃饭的呢。"

因为这个，我心里一直念着她的情。

于晶笑了笑："那都是领导交代的。"

我也笑了："我知道。不过还是要谢谢你。"

于晶顿了一下，突然叹了口气："小美，你为什么要当会计呢？"

"因为学的是会计，不想浪费学了四年的专业，所以就把它当职业了。"这是我的心里话，我想，这也是大多数会计选择这份职业的原因吧。

于晶又问："那你既然做了会计，以后想不想做财务总监？"

这当然想了。不想当将军的士兵不是好士兵，我又不比别人差，为什么不把财务总监当我以后的人生目标？

然后于晶就对我说："你已经入行这么久了，应该也知道。会计经理以上的岗位，更多考验的不是你做账的能力，而是你管理的能力。"

我要承认，这个能力我目前尚未具备。

"想要上升，就要能为上级解决麻烦，这就是职场的规则。"于晶不仅专业过硬，情商也很高，"小美，以我的经验来说，要想在财务领域有所建树，未来你要在报表上下工夫。无论是编制报表还是分析数据，更见功底，也能体现你的能力。这也是由普通财务人员向更全面的财务管理者晋升的必经之路。"

于晶的肺腑之言令我很感激。我也下定决心，未来有机会小美也要成为财报高手，各大报表无论是编制还是分析，都不在话下。

想至此，我觉得财务这条路真是越走越深邃，风景也是越来越精彩。

小美相信，属于会计人的美丽人生会如绚丽花开，照亮未来。